永敬子様

二〇一〇・十一・二十七

末盛千枝子

人生に大切なことはすべて絵本から教わった

末盛千枝子

練馬のアトリエ長屋で、出征する仲間、後藤一彦を送る（1944年）
左より　画家・笠井忠郎、彫刻家・佐藤忠良、彫刻家・芥川永、父・舟越保武。中央で抱かれているのが著者、右より二人目が母・道子と妹・苗子

両親と著者（1歳 1942年）

東京世田谷の自宅にて　家族全員（1966年）
右より　舟越保武、道子、著者、苗子、茉莉
左前より　カンナ、直木、桂

絵本作家M・B・ゴフスタイン
(ニューヨーク 1991年)

絵本作家タシャ・チューダーと著者(バーモント 1991年)

編集者マーガレット・K・マッケルダリー(ボローニャ 1986年)

ボローニャ原画展審査風景(1998年)

スイス・バーゼルで開催されたIBBY(国際児童図書評議会)世界大会にて(2002年)
前列左二人目より　皇后美智子様、著者、夫・古田暁

父と母へ

目次

はじめに

東京・代官山の旧山手通り沿いに、ヒルサイドテラスはあります。建築家・槇文彦氏が一九六九年より三〇年以上の歳月をかけて実現させた一〇棟からなるアーバンコンプレックスは、世界的な名建築として知られ、今も国内外から見学者が絶えません。このヒルサイドテラスを核として、代官山の街並みはつくられ、建築・美術・音楽を軸とした多様な文化活動が展開されてきました。

二〇〇八年春、その一隅に「ヒルサイドライブラリー」という会員制の図書室が設けられ、新たに「言葉」を軸としたプログラムを組むこととなり、最初の企画として、末盛千枝子さんのセミナーシリーズ「人生に大切なことはすべて絵本から教わった」がスタートしました。

代官山は、高品位・高感度な「大人の街」として知られてきましたが、その豊かな緑と低層のゆったりとした街並みからか、いつのまにかバギーを押したお母様方が多く訪れるようになりました。そのような子育て中の女性たちに向けて、お散歩やショッピングだけではない、なにか文化的な出会いの場をつくれないかと思い、末盛さんに絵本をめぐるお話をしていただきたいとお願いしたのです。

　こちらの思惑を裏切り（?）、参加された方の多くは、子育てを終えられた、あるいは一段落された女性たちでした。しかし末盛さんのお話は、「絵本＝子どもの本」という私たちの固定観念を大きく覆し、遥かに深く豊かな言葉と美術の海を私たちに実に魅力的に開示してくれたのでした。それはまた、絵本を通して、作家や編集者をはじめ世界中の素晴らしい人々と出会い、交流するなかで、さまざまな人生の困難を乗り越えてこられた末盛さんご自身の半生をも浮き彫りにするものでした。芸術家一家に育ち、戦後民主主義のもっとも良質な空気を全身で呼吸し、精一杯前を向いて生きてこられたひとりの女性の姿は、私たちに深い感銘を与え、鼓舞するものでした。参加者は毎回増え、キャンセル待ちが出るほどの人気で、当初半年の予定だったセミナーは、一年にわたって開催されることとなりました。

　本書は、より多くの人に末盛さんの「希望の言葉」を届けたいと思い、一〇回に及ぶセミナーの記録を改稿し、出版するものです。人生に大切なこととは何か、本当の美しさとは何かをこの本からすくい取っていただければ幸いです。

クラブヒルサイド　前田　礼

人生に大切なことはすべて絵本から教わった

末盛千枝子

・本書のもとになったセミナーは、クラブヒルサイド・セミナーシリーズ「人生に大切なことはすべて絵本から教わった」として、二〇〇八年四月から二〇〇九年三月にかけてヒルサイドテラス（東京都渋谷区）で開催されました。

ヒルサイドテラス　http://www.hillsideterrace.com/

・注は編集部が作成しました。

・本文中で紹介されている絵本、その他の書籍についての詳細は、巻末のリストに掲載されています。

タシャ・チューダーとの出会い

『すばらしい季節』との出会い

私はこれまでずいぶんたくさんの絵本と関わってきましたが、考えてみるとタシャ・チューダーの話をしたことはありませんでした。すえもりブックスで『すばらしい季節』という本を出しておりますが、まずはそのいきさつからお話ししたいと思います。

初めてこの本を手にしたのが、一九六六年のニューヨークでした。友人の家にひと夏やっかいになっていたとき、マンハッタンのプラザホテルでアメリカン・ブック・アソシエイション（米国書籍商協会）というアメリカの出版団体の大会があるとすすめられて、地下鉄に乗って行ってみたのです。その当時の私は、パートタイムで絵本の出版社に働いていて、それを休んでアメリカに行っていたのです。たくさん出版社のブースが並んでいるホテルの中を歩き回ったのですが、一冊、「これは」と気になったのがこの本でした。その大会に向けて出版されたばかりの本だったと思います。

一九六六年がどういう時代かといいますと、その二年前の一九六四年に東京オリンピックがありました。外国を旅行する人はまだ少なく、一ドルが三六〇

タシャ・チューダー
（一九一五－二〇〇八）

絵本作家。園芸家。幼少時代をコネティカットの農場ですごす。一九世紀の生活を実践し続け、バーモントの森の中で暮らした。主な作品に『クリスマス』『若草物語』（挿絵）など。

『すばらしい季節』
タシャ・チューダー作

円という時代です。当時の自分の中にはどこか、「いい子ぶっていたくない」という少々突っ張った思いがありまして、「かわいい本を買う」と思われたくないところがありました。「え、こんな本が好きなの？」と言われたくなくて、この本は「自分だけの本」としてしまっておいた記憶があります。要するに自信がなかったのですね。どうしてその本がそんなに気に入ったのか、今考えると、どこか懐かしい思い、憧れとかがあり、またデッサン力のある作家だと思ったと思います。それなのに「この本が好きなの！」と胸を張って言えない自分の弱さがありました。

その後結婚し、仕事から遠ざかっておりましたが、子どもたちが六歳と八歳の一九八三年、夫が急死いたしました。ただ不思議なことに、その一ヵ月前に、ジー・シー・プレスという会社が絵本出版部門を立ち上げるからと誘われて、編集をまかされることになっておりました。その会社で数年にわたって絵本を出版しましたが、そこから最初に出版した『あさ』がボローニャ国際児童図書展でグランプリになるということがありました。これはそれこそビギナーズラックとでもいうべきものかと恐怖をおぼえました。そこを辞めて、すえもりブックスを始めるまでの間、西武系の出版社リブロポートの編集者とおつき

ボローニャ国際児童図書展

イタリアのボローニャで毎年春に開催される世界最大の児童書専門の見本市。全世界の児童図書出版社が集まり各社の絵本や児童文学などが展示される。

『あさ　One morning』

舟越カンナ文、井沢洋二絵

あいがあり、『すばらしい季節』を出そうということになりました。翻訳も私がすることになったのですが、フィルムも原画もなくてたいへんでした。実際にこの本がリブロポートから出版された一九九三年には、すでにすえもりブックスは始めておりましたので、時期的にはだぶっておりました。

タシャに会いに行く

『すばらしい季節』を出すようになる前のことを少しお話します。まどみちおさんの詩を皇后様が英訳された『どうぶつたち』という本がありますが、この本をすえもりブックスと共同出版しよう、とアメリカのマーガレット・マッケルダリーという大編集者が誘ってくれました。私は一九六〇年代の終わりから一九七〇年代初めにかけて、フランクフルトのブックフェアからロンドン、ニューヨークと廻る機会が毎年のようにあり、彼女とはその頃からの古い知り合いでした。それでも、彼女と一緒に本をつくるというのはちょっと畏れ多く、格が違うというか、たじろぐような思いがありました。しかも、まどみちおさんのご本を、皇后様の訳で出すことの恐ろしさもあって、どうしようかと思い

まどみちお（一九〇九-）

詩人。主な作品に、童謡集『ぞうさん』『まどみちお詩集全六巻』『まどみちお童謡集』など。

『どうぶつたち』

まどみちお詩、美智子選・訳、安野光雅絵

ました。それでも、これは人生がそういう流れにあるのだろうと考え、マッケルダリーに会いにニューヨークへ行きました。一九九一年九月のことです。

そのとき、昔から親しいアン・ベネデュースという編集者に、「ニューヨークに行くんだけど、タシャ・チューダーに会えないかしら」と手紙を書いたのです。彼女はタシャ・チューダーの編集者でした。「いいわよ」と返事がきて、実際に行くことになりました。そのとき私が泊まっていたブロードウェイのホテルに迎えにきてくれて、彼女の車で出発しましたが、どのくらいかかるのかもぜんぜんわからず、結局は七時間のドライブでした。どういうことになるのか、バーモント州がニューヨークから北へ向かうぐらいしか知らず、あたりはどんどん暗くなってくるし、こんな遠い道のりを気軽に「連れて行ってあげる」と言ってくれたことに驚き、「アメリカ人って旅人に対してこんなに親切なんだ」と思いました。余談ですが、その後、私は、あんなに年上のアンがハイウェイを七時間も車を運転するということに刺激を受けて、自分も六時間かけて岩手まで行ったりしました。

ハイウェイを降りて田舎道のレストランで夕食をとり、それからまた夜の原生林の中の舗装もしていない道を一時間ぐらいは走ったと思います。三〇から

マーガレット・K・マッケルダリー
（一九一二-）

アメリカの児童書編集者。図書館司書としての仕事の後、編集者として多くの名著を世に送りだした。一九七一年児童書全般を手がけるマーガレット・K・マッケルダリー・ブックスを設立。

四〇キロの間まったく家がないというところです。夜の田舎道のドライブは、前方はヘッドライトで照らしているものの、うしろはなにも見えず真暗闇で、気味の悪いものです。アンはアンで、「この道でよかったかしら」なんて言うんです。「そんなこと聞かれても困るわ」と思ったそのとき、遠くに小さな灯りが見えたのです。タシャ・チューダーが道沿いの草の上に目印に小さなランタンを出しておいてくれたのでした。

タシャの名前は、お父さんがトルストイの『戦争と平和』のヒロイン、ナターシャがすごく好きでつけたそうですが、呼びにくいというところから「タシャ」になったようです。

入口を屋根の上までハニーサックルでしょうか、わーっと真っ白い花が覆っていて、花をかき分けて入っていくようなお家でした。中は電気がなく、ろうそくがついているだけだったのですが、入ってすぐ、ロッキングチェアが置いてあり、そこにタシャ・チューダーと同じような背格好の人形が同じようなドレスを着て座っていました。私は彫刻家（舟越保武）の娘ですのにそういうのが苦手で、「ぎゃっ」と言いそうになってしまいました。

その日はちょうどアンの誕生日だったので、タシャがバースデーケーキとお

舟越保武（一九一二-二〇〇二）

戦後日本を代表する彫刻家。「長崎二六殉教者記念像」「病醜のダミアン」「聖クララ」などの端正なブロンズや大理石の彫刻で知られる。

祝いのブーケをつくっておいてくれました。私にもブーケをつくって下さって、本当に素敵な夜でした。今だったらそれをちゃんと保存しようとするのでしょうが、当時はそんなことは考えつかず、ただブーケの写真を撮り、お花は旅行中大切に持って歩いていました。アンは本当にしとやかな美しい人で、やり手という感じではないのですが、タシャの大ベストセラーにもなった『コーギビルの村まつり』を手がけた編集者でした。またエリック・カールの本も彼女が編集者として出していて、アメリカで安野光雅さんの本を出しているのも彼女です。安野さんの大ファンで、「ミツマサ・アンノ」と言うときの表情といったらありませんでした。そして、アンとタシャはただの作家と編集者というだけの関係ではなく、親友でした。タシャの *Drawn from New England* という写真のたくさん入った本の中で、ふたりはおそろいの開拓時代の衣装にボンネットをかぶって写真に写っています。

タシャの家での一夜

二階の私たちが泊まった部屋には、それぞれ最初のうちだけ小さな自家発電

Drawn from New England
Bethany Tudor

の電気がついていたと思います。しかし、それもすぐに消えて真っ暗になり、お手洗いは一階で、水洗ではなく、バケツに汲んだ井戸水がトイレの脇に置いてあるというような状況でした。お手洗いに行くためには、例のお人形のそばを通って鳥かごがたくさん置いてある所を通らなくてはいけないんです。「夜中にトイレに行くはめになりたくない」と思っていたら、瀬戸物のきれいなふたがついたポティ、要するにおまるですよね、「これを使いなさい」と渡されました。これまた「これを使うはめになりたくない!」と思いました。そのポティはまるでロイヤル・コペンハーゲンのように美しいものでした。もしかしたら本当にそうだったのかもしれません。キャセロールかなにかの。

家の中で飼っているたくさんの小鳥のかごには覆いはしてあるのですが、夜じゅう、鳥がわさわさ、がさがさいっていましたし、外でもいろいろな動物の声がしていました。夜の森って結構にぎやかなのです。あっちからもこっちからも、わけのわからない動物たちの声が聞こえてきました。それに家の構造がまったくわからない不安とも相まって、ほとんどまんじりともせずに夜明けを待ちました。少し外が明るくなってきたかな、という頃に窓に顔をくっつけて外を見たのですが、ずっと見渡す限り遠くの方まで森が続いていることしかわかりませんでした。夜が明けるか明けないかのうちに、もうタシャが起きて働いている音が聞こえてきました。

すっかり夜が明けて、三人で庭に出ると、タシャがアンと私に、「さあ朝ご飯にしましょう」と言って、小さな木の実を次から次へととってくれました。「これが朝ご飯なの⁉」と思いましたが、本当はそれが一番の健康的なごちそうだったのかもしれません。

彼女は庭でも素足でした。『子鹿物語』の映画に出てくるお母さんも素足だったと思いますが、自分の足で地面の状態を感じる、そういうことなのだろうと思いました。また、靴というものは贅沢なものだったのだ、とも思いました。彼女は長いスカートの開拓者時代の服が好きで、いつもそれを着ているようでした。そして、この時代のドレスのコレクションをしていることでも有名なようです。タシャの家にいる間、なんて美しい人なのだろうと見とれていました。そしてこの貴婦人のような人が、信じられないほどの働き者なのだと思いました。一日のほとんどは庭仕事と動物の世話をしていたと思います。

映画『子鹿物語』
マージョリー・キナン・ローリングスの児童文学小説を映画化した一九四六年製作のアメリカ映画。クラレンス・ブラウン監督。

エリック・カールとの再会

ニューヨークへの帰路、タシャの家を出てすぐに、アンが「エリック・カールのところに寄ってみる?」と言うのです。『はらぺこあおむし』の画家です。もちろん連れていってもらいました。アンは、タシャ・チューダーの編集者としても有名ですが、エリック・カールの編集者としても有名で、アメリカでの出版はほとんど彼女が手がけてきたと思います。

マサチューセッツ州ノーザンプトンのエリック・カールのお宅に伺い、それから、少し離れたところにある仕事場を見せてもらいました。今ではエリック・カール美術館という正式なミュージアムがありますが、当時はそういったものはまだありませんでした。エリック・カールとの最初の出会いは、一九八四年、ボローニャのブックフェアでした。私はその後二〇年もボローニャに行くことになるのですが、そのときが初めてでした。その後もずっと泊まることになる小さなホテルがあるのですが、そこでのこぢんまりとしたグループの食事会で隣に座ったのがエリック・カールでした。彼もはじめてのボローニャで「絵本の出版の仕事があるからここに来たんだ」と言っていました。私のことを聞

エリック・カール
(一九二九-)

アメリカの絵本作家。『はらぺこあおむし』は世界的ベストセラー。マサチューセッツ州にエリック・カール美術館がある。

かれたので、「出版の仕事を始めたのだけれど、前年犬が急死した」と話ましたら、同じホテルの自分の部屋に戻って自分の絵本を持ってきて、サインして「子どもたちに」とプレゼントしてくれました。*Brown Bear, Brown Bear, What do you see?*（邦題『くまさん　くまさん　なにみてるの?』）という本でした。よい出会いだったと思います。『すばらしい季節』は、私にとって、こうしたいくつもの出会いと別れが重なる、流れる時の中で出版されました。

盛岡の思い出

タシャの本は『すばらしい季節』という邦題にしましたが、*First Delights* というもとのタイトルがなかなか日本語にできませんでした。今だったらもう少し考えたかもしれません。印刷も原画はもちろん、もとのフィルムが手に入らないので、リブロポートで出したときには、原書とは違った表紙のデザインでした。二〇〇〇年にすえもりブックスから再版したときには、印刷屋さんのたいへんな努力によって、もとのデザインに戻して、気に入った本来の表紙で出すことができました。First Delights というのは、五感を通して感じる季節

『くまさん　くまさん　なにみてるの?』

エリック・カール絵、ビル・マーチン文

の喜びを表現していて、タシャはその喜びを全部の季節について紹介していま す。誰にとっても懐かしい感じのする「幸せ」というものがここにあると私は思います。どんな状況にあっても、「こういうものがあれば幸せだなぁ」と思うことが、すべてここにあるのです。

それはどこか私の幼い日の記憶とつながるような気がします。私は三歳から小学校五年生まで疎開して岩手県の盛岡におりました。線路脇の土手の草地につながれているやぎと遊んだり、学校の帰り道に延々とあきもせず田植えを見たりしておりました。当時は機械ではなく、一株一株きちんと手で苗を植えていて、その様子をうっとりと見ていました。そして町には、もちろん自動車などなくて、夏は荷馬車、冬は馬橇《ばそり》が走っていました。馬橇《ばそり》は背が低いのでさっとお尻を乗せることができるのです。学校帰りにちょっと乗ったりして、おじさんに叱られたりしましたが、雪道を行く馬橇《ばそり》の音というのはペターン、ペターンといって、今でも忘れられないくらい、いい音だったと思います。夏には、仕事帰りに用事があって父を訪ねてくる伯父が、「途中でつかまえた」と言ってホタルを私たちの蚊帳の中に放してくれたりしたものです。

戦後の貧しい時代、親たちはたいへんだったと思いますが、子どもたちにとっては幸せな時間でした。北上川にのびた大きなサイカチの木の枝にすわる子どもたちが目に浮かび、トマトを川辺の湧き水で冷やしたり、そういう時代だったなぁ、という思いがあります。先日、年上の従姉が、「不思議なことだけど、こうやって私たちが子ども時代を一緒に過ごせたのも、戦争のおかげだったのよね」と言っていました。子どもは子どもで、いろんなところで自分なりの幸せを見つけていったのではないかと思います。

疎開から東京へ帰るとき、私は一〇歳でしたが、この懐かしいものたちと別れて東京へ行かなくてはならない、田植えだとか、馬橇《ばそり》だとか、いろいろなことを全部置いて、東京へ行くということを、はっきり意識していました。汽車の中から、別離の悲しみを抱きしめながら、過ぎていく景色を見つめていた自分をはっきりと憶えています。

開拓者の末裔

タシャ・チューダーは九歳のときに両親が離婚しています。お母さんは肖像画家として立派な仕事をした人で、お父さんは素晴しく楽しい話をしてくれる人で、ヨットの設計をしたりする、非常に文化的な人だったそうです。そしてマーク・トウェインの親友でもありました。

お宅を訪ねたとき、タシャが手のついていないティー・カップとソーサーのセットでお茶を出してくれまして、珍しいなと思って見ていたら、「古いスタイルのものだ」と説明してくれました。そして先祖がメイフラワー号でアメリカに来た家族だと言うのです。「メイフラワーって、あの、教科書に出てくるメイフラワー号ですか」と思わず聞き返してしまいましたが、「そうだ」と言うのです。筋金入りの由緒正しい開拓者なのでしょう。

お母さんは絵描きの腕を磨きにニューヨークへ出ていって、タシャは、お母さんの友だちのところで世話になって暮らしたそうですが、その頃から自然の中で暮らしたいという思いをはっきりと自覚していたそうです。やがて結婚して四人の子どもを育てましたが、結局離婚しています。ご主人も自然は好きだったようですが、タシャのように本当に徹底してあのような山の中にぽつんとある一軒家で作業をしながら暮らすということまではできなかったようです。「あのふたりが離婚したときは、みんなほっとしたのよね」というようなことを何人もの編集者たちが言っていました。

マーク・トウェイン
(一八三五 - 一九一〇)
アメリカの小説家。代表作に『トム・ソーヤの冒険』『ハックルベリーフィンの冒険』など。

メイフラワー号
一六二〇年、イギリスからアメリカ大陸へ移住した清教徒ピルグリム・ファザーズを運んだ船。

三〇キロか四〇キロ四方に自分しか住んでいない。嵐の日もあって、毎日毎日私が訪れたときのように晴れたきれいな日ばかりではないと思います。でも彼女からは、そんなことをものともしない誇り高い開拓者の精神とでもいうものを感じました。私たちには想像もつかないような生活だと思います。アメリカの開拓者たちは、非常に厳しい自然の中で開拓をやりとげた、ものすごく強靭な精神のもち主の集まりだったと聞いたことがありますが、多分その血を引いた人なのだと思います。

彼女は畑で牛を飼ったりしながら、絵筆一本で子どもたち四人を育てたわけです。でも一九三八年に最初の本が出るまでは、ニューヨークの出版社を三〇軒も訪ね歩いて作品を見てもらい、やっとオックスフォード・ユニヴァーシティー・プレスが仕事をくれたと言っていました。台所の窓辺に丸い小さなテーブルがあって、それが彼女の仕事机でした。そのスペースだけで彼女は絵を描いていました。ですから、彼女の絵はほとんど原寸なのだと思います。本当に職人として、こういう絵を描いてくれと言われたときに、コツコツと描いて収入を得ていった人だと思います。古い開拓時代のドレスを集めて、広大な庭に季節の花を咲かせ、そういう楽しみを自分で築いていった、そういう人です。息子ふたりと娘ふたり、ひとりは大工さんで近くに住んでいるようでしたが、もうひとりの息子さんはNASAで弁護士をしていると聞いて、なぜかちょっとほっとする思いがしました。彼女の世界は、息子さんの奥さんが継いでいくようです。誰か家族がそれを理解して、後を継いでくれているということは、彼女にとって本当によかっただろうなぁと思います。

コーギー犬が日本でよく見られるようになったのはタシャ・チューダーの本が日本で多く見られるようになってからではないかと思います。やぎも何頭かいるのですが、コーギー犬は多いときは一三匹くらいいたようです。家族の食事をつくるだけでもたいへんなのに、ドッグフードとかがあるわけではなく、犬のえさを一三匹分もつくるなんて、どれだけ働き者なのかと思いました。もっとも、彼女らしいえさのつくり方も工夫していたようです。

生きる糧としての絵

彼女の仕事は、編集者と企画を立てて、その要望に応えて仕事をしていったものではないかと思います。『すばらしい季節』は六〇歳ぐらいのときの仕事

NASA
(アメリカ航空宇宙局)
National Aeronautics and Space Administration の略。アメリカ合衆国政府内における宇宙開発に関わる計画を担当する連邦機関。

ですから、よい時代の仕事だったと思います。本当に彼女が職人だと私が思うのは、自分の手がけた本が自分の家にないのです。絵を描くことがひたすら毎日の生活の一部だったのだろうと思います。「あ、そんな仕事もあったわね」という感じでした。

『コーギビルの村まつり』は子どもたちのために初めて自分のアイデアで描いた絵本だそうです。一九七一年、それが大ヒットして、今のバーモント州の土地三〇万坪を手に入れたのです。当時はそんなに高くなかったのかもしれませんが、あれだけ広大な土地です。驚きました。昔からバーモントに住みたいと夢みていたそうです。

アメリカのブラウンという人がタシャと共著で出した彼女の伝記 *The Private World of Tasha Tudor* にこんなことが書かれています。「納屋とか家の中で仕事をしながら、自分の人生で、自分が数々おかしてきた間違いのことを思い返します。でも、そんなときにはすぐに、睡蓮の花のことを思うのです。水の上の花は優雅だけど、水の下ではそうではない。そう考えると過去のことをいろいろあれこれ考えてもしょうがないと励まされるのです。そしてくよくよとした思いも消してくれるのです。」

『コーギビルの村まつり』
タシャ・チューダー絵・文

「ガチョウのヒナもとても慰めてくれる」とも書いてあるのですが、面白いなと思ったのは、「ガチョウのヒナはボタンホールステッチのような目をしている」とあるのですね。言われてみると、本当にボタンホールのような目をしているんですよ。今度見てみて下さい。

タシャの子どもたちはどういう子ども時代を過ごしたのだろう、友だちのお誕生日会に招かれたりすることはあったのだろうか、もし呼ばれたらプレゼントを持っていったりしたのだろうか、と考えたことがあります。というのは、私が友だちの誕生会に招かれたとき、頼んだわけではないのですが、父が絵を描いてくれて「持っていけ」と言うのです。それがすごく嫌でした。でもせっかく描いてくれたのだから、持っていくのですが、そうすると、友だち本人よりも、友だちのお父さんとお母さんがすごく喜ぶのです。私は普通の子どもでいたいと思っていましたので、「そういうことでなくて!」と思っていました。今考えると父には本当に申し訳ない話です。

タシャは、「絵を描いてきたのは、家族を養い、お花の球根を買うためだった」と書いているのですが、私の場合、父が大理石で美しい女性の彫刻をつくったりする職人の仕事、それが我が家の生活の糧、そのことでご飯を食べているのだということは、小さい頃から身にしみておりました。たいへんであっても仕事をやめない、そういうものだと思ってきました。ここで本音を言ってしまえば、自分が若いときには、「お母さんは自分が好きでお父さんと結婚したんだからいいわよね。私たちはここに生まれてきたんだから、選択の余地がない」と少々うらめしく思っていました。でも今は、「ああいう姿を見ながら育ってきてよかった」と自分が本当に思えるときまで親が生きさせていてくれていたことは恩恵だと思っています。また、あんなにたいへんな仕事だと父を見ていてよくわかっているはずの弟たち（舟越桂、舟越直木）が彫刻家になろうとしたということは、私にとっては「うそでしょ!?」「そういう選択をするのか」というほどの驚きでした。タシャの息子たちも私たちと似ているかなと思います。

今タシャは九二歳、ちょうど私の母と同じ歳だと思います。子ども四人を養い育て、球根を買うために絵を描いてきた彼女の人生。一口に球根といいますが、バーモントに住み始めたとき、たとえば、水仙の球根は一〇〇〇個も植えたそうです。なにしろ広大な土地ですから、背中にしょったバッグに球根を入れて、スコップで穴を掘り、そこにドサッと球根を入れていくのだそうです。そうすると水仙がかたまりになって美しく咲くというのです。そういう彼女の

舟越　桂
（一九五一-）
彫刻家。楠を素材に、端正な表情のうちにも時代を超えた空気を感じさせる等身大の人体彫刻を手がける。

舟越直木
（一九五三-）
彫刻家。生物の原初のイメージを思わせる形態など有機的なフォルムを伝統的素材であるブロンズを主に用いて制作する。

人生の終わり近くになって、彼女が自分で言うように、今まで自分がたくさんしてきた間違いにもかかわらず、彼女を素晴しいと思ってくれる人がたくさんいると知ることで、彼女に「長生きしてよかったね、素晴しい人生になったんだ」と言いたいと思います。あの小さな台所の片隅で絵を描き続けてきた人の人生を、今さらながら、非常に貴重な人生だったと思います。

追記：タシャ・チューダーは、二〇〇八年六月一日に逝去しました。享年九二歳でした。

仕事のしあわせ——ゴフスタインから考える

本は美しいもの

M・B・ゴフスタイン
（一九四〇-）

アメリカの絵本作家。ニューヨークタイムズ紙・年間最優秀児童絵本賞、コルデコット賞次賞などを受賞。一九八九年以降は絵本の発表をしていない。

おはようございます。ちょうど今日発売になった別冊太陽の『海外の絵本作家たち』に、ゴフスタインがとり上げられています。私の文章も載っています。その原稿を書くときには見つからなかったのですが、ゴフスタインに会ったときのメモが、つい数日前に出てきました。「一九九一年ゴフスタイン」と書いてあります。皇后様がまどみちおさんの詩を英訳され、マーガレット・マッケルダリーという大編集者と共同出版する『どうぶつたち』の打ち合わせのためにニューヨークに行ったとき、タシャ・チューダーを訪ねて一泊したことは前回お話ししましたが、その後、私はゴフスタインと二日間を過ごしました。

このメモは英語でなぐり書きしてあるので、今になって見ると読めない部分もありますが、大体判読いたしました。一日目は、私が宿泊していたホテルに訪ねてきてくれまして、同じ年齢だということがわかったりして食事をしながら話がとまらなくなりました。翌日は彼女が教えている学校を見にいきました。

初めて彼女に会ったとき、「絵本そのものじゃないの！」という本人が現れたので、びっくりしました。第一印象からまったく変わらないのですが、彼女自身がまるで彼女の絵本の主人公そのもの。まぁだいたい、絵描きとか彫刻家というのは、人の顔を描いたり彫刻をつくったりすると自分の顔に似ていたり、家族の顔に似ていたりということがあるんですね。彼女が気づいているかどうかわかりませんが。

一番初めにゴフスタインの仕事とちゃんと出会ったのは、『作家』、『画家』という絵本でした。私が以前ジー・シー・プレスというところにおりましたときに、その本の版権をとって出しました。そのときに「本は美しいものだ」ということを本当に感じさせてくれる素晴しい本だと思いました。中身、本のつくり、文字の選び方、あるいは文字の配置、そういうもの全部がとても美しいのです。私自身が自分で言葉にできていなかったけれども、自分が探していたのはこういうものだったのだ、と一種デジャ・ヴュのような感じがする本との出会いでした。まだその頃は、今のように大人が絵本を手にすることなどほとんどない時代でした。それで、そのとき一緒に仕事をしていた妹の舟越カンナが、「まだ、絵本は子どものだけのものとお思いですか？」というキャッチフレーズを考えてくれましたが、これは非常にピタッと決まったと思います。今でも『作家』、『画家』はジー・シー・プレスが出しています。あちらが絶版にした

『作家』

M・B・ゴフスタイン作

舟越カンナ

『あさ One Morning』でボローニャ国際児童図書展グランプリ受賞。絵本作品に『牧師館のスイートピー』『冬の旅』『そらに』がある。

ら引きとりたいなと思うくらいですが、人気の本なので絶版になる気配はありません。

そして『ブルッキーのひつじ』、『おとなりさん』――これは隣に引っ越してきたばかりのふたりが友だちになっていく状況を描いたものです。ほかにすえもりブックスから出した『ふたりの雪だるま』。そしてこの『おばあちゃんのはこぶね』は、九〇歳のおばあさんが、自分が子どものときにお父さんがつくってくれたノアの箱舟を思い出して語る話です。ゴフスタイン自身が蚤の市で手に入れた、塗料がはげたような木の人形から想像を膨らませていって、その本ができたと話していました。私自身ももう孫がいていい年齢になっていますが、自分たちが若い頃には、おばあさんとか母親に若い時代があったということは、頭で知ってはいてもあまり実感がありません。それを非常にいい語り口で語った本です。孫たちにも、とてもいい贈り物になるのではないかと思います。

それから『ゴールディのお人形』。地味な本ですが、この本を好きだと言ってくれる人は多いんです。お父さんがひとりでやっていた人形づくりの仕事を、お父さんとお母さんが亡くなった後、ひっそりと引き継いでいるゴールディーという女の子の話です。とても健気で、少しかわいそうなところもありますが、

『おばあちゃんのはこぶね』

M・B・ゴフスタイン作・絵

大好きなお話です。

『ピアノ調律師』は、これまたお父さんとお母さんが亡くなった女の子がピアノ調律師のおじいさんに引き取られて育てられます。おじいさんとしては、自分はピアノ調律師でありながら、孫にはなんとかピアニストになってほしいと思っているんです。でも孫は、おじいさんのピアノ調律師という仕事に魅せられてしまいます。とても素敵なお話です。

先ほど「本は美しいもの」と言いましたが、この本のカバーをあけると表紙には、ピアノ調律師の道具が箔押しで表現されています。その作業は印刷屋さん泣かせで、こんなことやっぱり今の時代にはできないのかなぁ、と思ったのですが、私が原本を見たときの大きな魅力はこの表紙だったので、この表紙で本をつくれなければ意味がないとさえ思いました。でも印刷屋さんが本当に頑張ってくれて素晴しい本に仕上がりました。原本はとても素敵なのに日本語版になるとまったく違う装丁で出されていて、もったいない、と思うことがよくあります。実際、本の魅力というのはその点もすごく大きいはずで、私はこだわっております。

『ピアノ調律師』

M・B・ゴフスタイン作・絵

悲しみのひとはけ

ゴフスタインの本がなぜ私たちの心を打つのか――それは、どこかに悲しみの影があるというか、悲しみのひとはけが塗られているからだと思うのです。芸術に不可欠なのは、悲しみの味があるかどうかだと思います。ゴフスタインの絵本にはそれが感じられて、子どもの本でありながら、大人の人に好まれるのはそのような理由からではないかと思っています。

彼女自身は子どもがいなかったと思いますが、最初のご主人――『ピアノ調律師』をつくった頃に結婚していた相手――は、ピアニストだったらしいです。今は絵本の編集者と結婚しているそうですが、一九九一年に初めて彼女に会ったときなのでずいぶん昔になりますが、そのとき、確か、自分より一七歳若いと言っていました。彼女は五〇代で、ご主人は三〇代の方だったと思います。私も気になったのでしょう、「彼女のご主人は一七歳若い」なんてメモに書いてありますから。ゴフスタインは非常にデリケートで繊細な人だと思いますが、すごく幅の広い人でもあります。

彼女が教えている美術学校にはいろんな生徒たちがいましたが、当時の彼女の服装が今どきの若い人たちの服装と似ています。一九九一年の時点でこんな格好をしていたということは、ずいぶん先端をいっていたのだと思います。今、原宿あたりに行けばいくらでもいますけれど、学校に朝からフリフリのパーティードレスを着てくる学生がいて、「それを見るのが楽しいのよね」と言っていました。彼女が美容院で髪形に失敗して落ちこんでいたときも、その学生が朝からものすごいドレスで教室に登場して、それに慰められたと言っていました。若い人はいいわねって。そんな幅の広さのある人でした。

私が「それは傑作だ」と思いましたのは、「一ヵ月に一回しか郵便物を開けない」と言っていたことですね。ものすごくきれいな、きちんとした家に住んでいるようなのに、そこに一ヵ月分の郵便物を溜めておいて、月に一度だけ開けるんだそうです。傑作な人でした。学校で若い人たちと過ごすのはとても面白いと思うけど、学生たちには絵本作家であることを知らせていないと言っていました。ですから日本人の学生が、日本に帰って自分の先生の作品が日本で訳されていることがわかったときは教室で大騒ぎになった、と嬉しそうに話してくれました。

最近、絵本は描かないのか、と聞いたところ、絵本の編集者と大げんかをしたらしく、あまりにも絵や印刷のことでひどい扱いを受けたので、彼女はもうその人とは仕事をしないと決めたそうです。細かい線画はやらないのかと聞いたところ、老眼になってきたので、一本の線で勝負する仕事はもう無理だと思うと言っていました。目に負担があるために楽しくないからできないと思う、と言っていました。「じゃあ、今はなにを描いているの」と聞いたら、こともあろうに、「彫刻家の殺人事件のミステリー小説を書いている」と言っていました。彼女の担当のエージェントに、「あのミステリー小説はどうなったの」と聞いたら、「もう七年も書いているけどまだ終わらないのよ」と言っていました。

キーツとの交遊

ゴフスタインは、『ピーターのいす』、『ピーターのくちぶえ』、『ゆきのひ』などで知られる絵本作家のエズラ・ジャック・キーツと親しかったようです。彼には私も日本で会ったことがあります。キーツはしばらく前に心臓麻痺で亡くなったのですが、その直後、彼がゴフスタインのところに遊びに来た、と彼

The Snowy Day
『ゆきのひ』
エズラ・ジャック・キーツ作

女が言うんです。驚いてよく聞いたのですが、ある日目が覚めたら、自分のベッドの足もとにキーツが座っていて、「おい、最近どうしている、仕事はどうなんだい」って聞いてくれたんだそうです。キーツは亡くなる前に、「自分の本は人びとに愛されなくなるんじゃないか」と彼女に漏らしていたそうです。「そんなこと全然心配する必要なかったのにね」と彼女は何度も言っていました。本当にいい友だちだったのだと思います。新しい本ができてエズラに見せると、先輩として「この線がいいよね」などと批評してくれる、いい人だった、と言っていました。繊細な友の死を悲しみをもって深く受けとめているのだと思いました。

学生たちから刺激を受けて、学ぶこともいっぱいあるそうです。彼らの影響で、いろいろな手法で描き始めたりするようです。クレヨンを使った最近の仕事は、学生たちの影響だと言っていました。ニューヨークのパーソンズ・スクール・オブ・デザインというところでクラスをもっているのですが、学生は一クラスに一二人だけ。いいなぁと思いました。学生たちは世界中から集まってきている人たちですから、いろいろな物語をつくってきていました。見学していて、とてもよい経験でした。

エズラ・ジャック・キーツ（一九一六－一九八三）
アメリカの絵本作家。黒人の少年を主人公にした『ゆきのひ』でコルデコット賞を受賞。

パーソンズ・スクール・オブ・デザイン
一八九六年創立のニューヨークを代表するファッション、アート、デザイン、インテリア専門の私立大学。

ものをつくる人

ゴフスタインはミネソタ生まれで、ものをつくることがとても好きでした。小さいときに両親が本を読んでくれる人だったようで、小学生のときに「本というのは誰かがつくったものなんだ」ということに気がついたそうです。そのとき、自分は絶対絵本を描く人になろうと決めたと言っていました。

『ふたりの雪だるま』には、ミネソタでの子ども時代の経験が活かされていると思います。初雪の日に子どもたちが雪だるまをつくります。夕方になって、「寒いから家に入りなさい」とお母さんに言われて家に入るのですが、女の子は「外は暗くなって雪だるまが寒そうでかわいそうだ」と言って泣き出します。お母さんはしっかり者のお母さんらしく、「あんたそんなことでぐずぐずしていたら、これから生きていくのがたいへんよ」と言うんですが、お父さんは「ひとりじゃかわいそうだから」と夜の庭に出ていって、もうひとつ雪だるまをつくって雪だるまの夫婦にしてくれるというお話です。多分これは彼女の子ども時代の話だろうなと思います。

私の弟のひとり、舟越桂は彫刻家で木彫の仕事をしています。彼の使う素材

『ふたりの雪だるま』

M・B・ゴフスタイン作

は楠《くすのき》ですが、本当にいいにおいがします。彼の仕事が始まったかどうか、においでわかるのです。若いときには父のアトリエの外の小屋で仕事をしていましたが、楠《くすのき》が本当にいいにおいなのです。父は大理石で仕事をしていましたので、カンカンカンという音がして、父が大理石の仕事をしている間は、家中が石の粉で真っ白になりました。白い石のかけらでずいぶん遊んだ記憶があります。

『ゴールディーのお人形』では、ゴールディーが一生懸命人形をつくり、彼女が密かに思いを寄せていた大工さんの青年にお人形を入れる箱をつくってもらいます。ある日、お店にお人形をおさめにいったときに、それは美しい中国製のランプを見つけます。高いのですが、ものすごく気に入ってしまうのです。お店のおじさんが、「ランプの代金は、これからの人形の売上げで少しずつ払ってくれればいいから」と言ってくれるので喜んでランプを持って帰ります。そしてその大工の若者に、一緒に喜んでくれるだろうと思って見せるのです。そのとき、ランプにまだ値札がついていて、若者はそれを見て言います「きみって芸術家なんだね」。芸術家という響きに、ゴールディーはほめられたのかと思って喜ぶんですが、「こんなに高いお金を出して、こんなものを買うなんて、芸術家でないとしないばかげたことだ」と言われてしまいます。ゴールディー

『ゴールディーのお人形』
M・B・ゴフスタイン作

はものすごくショックを受けます。そして、「ランプは明日返しに行こう」と思うのです。ひそかに恋をしていただろうゴールディーが、かわいそうでかわいそうで。ゴールディーは夜になっても部屋に灯りもつけず泣きながら眠ってしまいます。すると夜中に中国人が現れて、「私があのランプをつくったんです」と言うのです。ゴールディーは今まで会ったこともないし、知らない人だと思います。ところが「君は、私がどこかの誰かが気に入ってくれると信じて一生懸命つくったランプを気に入って、買ってくれたじゃないか。ということは、私たちは友だちだよ」とその中国人に言われて、ゴールディーは「これでよかったんだ」と大声で笑います。本当にうれしそうに笑うのです。励まされるのですね。悲しいけれど、私が気に入っている場面です。

私が疎開していた時代、父と母は本当に貧乏でしたし、子どももたくさんいたわけですが、東京へ帰ってきてわりと早い時期に、ふたりが二度音楽会に行きました。当時とても有名だったピアニストのコルトーとアメリカの黒人霊歌のアルト歌手マリアン・アンダーソンの音楽会でした。私は妹や弟たちと留守番をさせられました。させられて、といっても小学校六年生とか中学校一年生だったと思いますけれど。両親とも音楽に詳しいわけではありませんが、コル

アルフレッド・コルトー
(一八七七-一九六二)
フランスのピアニスト、指揮者。ショパン、一九五二年、演奏旅行のために来日。その際訪れた山口県川棚温泉に二〇一〇年一月、コルトーホールがオープンした。

マリアン・アンダーソン
(一八九七-一九九三)
アメリカのアルト歌手。トスカニーニに「一〇〇年に一度の美声」と絶賛される。黒人クラシック歌手の先駆者として活躍。

トーの音楽を聴いたということでたいへんな高揚感をもって帰ってきました。マリアン・アンダーソンの方はシューベルトの歌曲『魔王』を歌ったのだそうです。『魔王』というのは、死神が赤ちゃんを連れていこうとする話だと思いますが、それがどんなに素晴しかったかということをずいぶん話してくれました。私はそれを聞いて、「とてもいいことだなぁ」と誇らしく思いました。私たち家族は、東京に戻る前に、盛岡で、初めて生まれた男の子を生後八ヵ月で急性肺炎で亡くしていたのです。音楽会のことは、私が一緒に行ったわけではないけれども、私の中でもいいかたちで残っています。両親がどのようなものを美しいと思うかということは確実に伝わったと思います。

前にも申しましたが、私には弟がふたりおりまして、一方の舟越桂はたいへん売れっ子と言っていい彫刻家ですが、もうひとりは舟越直木という、抽象の難しい作品をつくっている彫刻家です。私の夫は古田暁という哲学者で、ものごとを言葉に表せないと七転八倒するんですが、直木の作品を見て、「うーん！」と七転八倒して(笑)。本当に言葉で表現のできないような仕事で、いつも難しい本を読んでいるような人です。安野光雅さんに「下の弟は抽象作家ですが、本当に偏屈なんですよね」と言ったら、「当たり前じゃない、抽象の仕事は偏

古田暁
（一九二九-）
中世研究者。訳書に、『アンセルムス全集』、著書に『人間であること、人間となること』など。

屈じゃなきゃできないものだ」と言われました。私は直木をいい作家だと思いますが、彼がずいぶん前に書いた詩がありますので、紹介させていただきます。

素潜りの漁師

制作者は素潜りの漁師のようなものである。
彼は岩の上に座り、風向きを見、潮の流れ、海水の温度、時間、気温
すべてのことを頭に入れて魚を捕らえようとし考える。
しかしそれは陸の上での思考であり、
魚は海に飛び込まない限り絶対に捉えることはできない。
陸の思考は海の中で起こりうることとは別のものであり、
陸の上での思考が海中での行動のすべてを決定できはしない。
海の気配が前日の漁とまったく同じに見えても、同じところに魚がいるとは限らない。
同じ海が二度とあらわれることはない。

ときには完璧とも思える見通しを立て実行に移し、
海に飛び込んでもなにもとれないこともあるだろう。
私は今までにつくってきた作品の背景にどのような海の状況があったか、
今では思い出せないものが多くある。
漁師は昨日の漁よりも今日の漁を考えるであろうし、
今日の漁が終われば明日の漁を考えるであろう。
しかし、次の漁に過去のすべての漁から学んだことが、いつも力になってくれるとは限らない。
そうだとしても、あなたが漁師であるなら、また海に戻っていくべきだ。

私はこの詩がすごく好きです。ものをつくることを仕事にするすべての人に当てはまると思います。もしかしたら、生きるということのすべてが含まれるとさえ言えるのかもしれません。

人生で自分の好きなことを仕事にすることほど幸せなことはない

先ほど触れた『ピアノ調律師』では、孫の方は調律師になりたいのですが、おじいさんはピアニストにしたい。そこで、おじいさんの友人のピアニストが彼女のピアノを聴いてくれるのですが、ひどいもので、彼女は「自分は調律師になりたいんだ」とピアニストに話します。するとピアニストは、「人生で自分の好きなことを仕事にできる以上に幸せなことがあるかい？」とおじいさんに言ってくれます。それでおじいさんは、納得して、孫娘が調律師になることを認めてくれるのです。

この本にはいろいろなメッセージがあると思います。皇后様がこれを何冊かお買い求めくださいまして、この本には本当にお世話になっていると言ってくださいました。きっといろいろなピアニストや調律師の方々にでもプレゼントされたのでしょうか。

朝日新聞社の社会部の記者で、その後大阪の編集局長をつとめられた鈴木規雄さんという、非常に厳しい敏腕記者がいらっしゃいました。もう亡くなってしまわれましたが、絵本が好きで、特に『作家』が好きでした。自分の部下が

鈴木規雄
（一九四七 - 二〇〇六）
朝日新聞元大阪本社編集局長。社会部の記者として、旧ＫＤＤ事件や阪神支局襲撃事件などを担当した。「報道と人権委員会」の事務局長も務めた。

転勤するときに、『作家』などの絵本をプレゼントしたそうです。また『パシュラル先生』が好きで、すえもりブックスのことをとても気にしてくださっていました。その方が何年か前に癌になられて、病院を出たり入ったりされているとき、この『ピアノ調律師』ができ上がって、どう思っていただけるか心配しながらお送りしたところ、最後の手紙で「『自分の好きなことを仕事にできる以上に幸せなことはあるかい？』というメッセージ、確かに受け取りました」という手紙をいただきました。私は、「間に合ってよかった」と心から思いました。人生の友といえる人でした。野球少年だったらしく、敏腕社会部記者としての鋭い眼の奥に優しさのこもった人でした。

もともとそのことが好きで始めたかどうかわからなくても、最終的にこの仕事が好きだな、と思うことができたら、人はすごく幸せだと思います。世の中にはそういう人がたくさんいると思います。昨日、NHKのテレビで『その時歴史が動いた』という番組をご覧になったでしょうか。岡倉天心の話でしたが、廃仏毀釈から興福寺の阿修羅など、日本の仏像を救い出した人の仕事ぶりをみて、テレビから目が離せませんでした。天心がその仕事に目覚めたのは、一七歳のときだったそうです。フェノロサと一緒に奈良を訪ねたとき、あまりにも

『パシュラル先生』

はらだたけひで作・絵

『その時歴史が動いた』

二〇〇〇－二〇〇九年にかけて、NHKで放映された歴史情報番組（全三五五回）。

岡倉天心
（一八六三－一九一三）

明治期の思想家・美術史家。日本美術院創設者。東京美術学校（現・東京藝術大学）の設立に大きく貢献した。

ひどい状態だったお寺や仏さまを見て、仏様を救い出すことを一生の仕事にすることを決心した、ということを知り、なにか惹かれるものがあると思いました。仏像は精神がかたちとなり、それを見る我々が、その像をつくった昔の人と心の交流ができる、そういうものだというのです。本当に素晴しいと思いました。

本に関わるしあわせ

最後にご紹介したいのは、私の若い友人で、渡辺有理子さんという子どもの図書館の仕事をしてきた人の『図書館への道——ビルマ難民キャンプでの一〇九五日』という本です。ミャンマーで仕事をしてきた人ですが、今、危機にある子どもたちをどうやって助けるか、結局本を通して助けることしかできないのではないか、と彼女が書き上げた本です。その中にミャンマーの難民の少年が書いた詩があります。ちょうど今、ミャンマーのサイクロンと中国の地震の被害のただ中にある友だちのことを考えると、心臓がどうかなりそうな気がしますけれども、このミャンマーの少年の詩を紹介することで、なにがしか

アーネスト・フェノロサ（一八五三－一九〇八）
アメリカの哲学者・美術研究家。一八七八年来日。東京大学で哲学を講じるかたわら日本美術研究に力を注いだ。

ミャンマーのサイクロン
二〇〇八年五月二日、ミャンマー南部を襲った大型熱帯低気圧。猛烈な暴風で町は破壊しつくされ、一四万人もの死者・行方不明者を出した。

中国の地震
二〇〇八年五月一二日、中国・四川省を震源地とするマグニチュード七・八の大地震が発生。死者は七万人近くにおよんだ。

彼女のお役に立つかなと思います。紹介させて下さい。

僕は図書館が大好き
世界で一番大好き
とても悲しい気持ちのとき図書館に行くといつも気持ちが軽くなる
図書館の中にはたくさんの本がある
本の中にはたくさんの知識がつまっていて
多くの知らないことを知ることができる
毎日　僕は学校が終わると走って図書館に行く
図書館に行くと幸せな気持ちになれるから自然と笑顔になれるから
図書館で知ったことは僕の人生にとって金のように光り輝く
どうか図書館が僕のそばからなくなりませんように
僕に未来の希望を与えてくれる場所だから
僕は世界で一番図書館が好き

一〇歳のミャンマーの難民の少年が書いた詩です。こういうものを読むと、私たちが本に関わる仕事をしていることの深い意味と責任を思います。

日本では、いろいろな悲惨な事件が起きていますが、その背景には、自分の好きな仕事を見つけるまで待っていられないとか、ああいう大人になりたいと思う大人に出会えないということがすごく大きくあるのではないかと思います。私が子どもの頃には、すごく素敵だと思っているおばさんとか、怖いけどかっこいいおじさんとかがいたと思います。そういうことを考えさせられる毎日ではありますけれども、ミャンマーにしても中国にしても、私たちはなにも助けられないと思いながらも、彼らを私たちとはなんの関係もない人だと思わずにいるだけでも少し違うのではないかなと思います。ゴフスタインの『おとなりさん』という本をもち出すまでもなく、人は本によって人に対する思いやり、想像力を身につけていくのではないかと思います。もしかすると、それは自分自身に対する想像力をかきたてるものでもあるかもしれません。自分にもなにかできるとハッと気がつく瞬間があるのかもしれません。

生きる知恵——シャーロット・ゾロトウとともに

美しい魔女

今回私が選びましたシャーロット・ゾロトウは、アメリカの絵本作家であり、編集者でもあります。一九一五年生まれで、まだ生きておられるようです。私が会った一九六〇年代後半、すでに緑色の目の美しい魔女のようでしたから、九三歳の今や本当の魔女のようになっているのではないかと思います（笑）。

ユダヤ系ロシア人の弁護士の家庭に生まれましたが、素晴しく美しいその父親はビジネスにも手を出しては失敗する人だったらしく、彼女自身不安定な子ども時代を過ごしていたようです。そういうこともあって、常にものを書くということに憧れを抱いていた内向的な少女だったようです。やがて大学でクリエイティブ・ライティングという日本では見られないコースをとり、そこで学んだことが、彼女の作家として、そして編集者としてのその後の人生に大きな影響を与えたのだと思います。彼女の絵本は、結局子ども時代の自分や同じような経験をしている子どもたちの悲しみに寄り添うものだといえると思います。

彼女が絵本の仕事を始めたのは、一つ前の世代が、アメリカで絵本の編集を始めたことがあったからだと思います。大手の出版社がこれから子ども向けの

シャーロット・ゾロトウ（一九一五-）

アメリカの絵本作家。児童書の編集者として活動しながら、自ら執筆活動も行なう。これまでに手がけた絵本は七〇冊以上。

本を出さなくてはと思っているときに、ニューヨークのパブリック・ライブラリーで司書として読み聞かせをしていた人たちを連れてきて、本をつくったということがありました。ゾロトウの本にも「ウルスラへ」という献辞がよくあるのですが、それはウルスラ・ノードストームというアメリカの児童書の大御所のことです。子どもの本は大学を出た女の人の仕事として、数少ない仕事だったのだと思います。ですからブックフェアなどで男の人なんかがいますと、イギリスの友人などは、「ここは女性の職場なのに男の人が入ってきた」と(笑)。そういう時代だったと思います。

私が初めてゾロトウに会ったのは、一九七〇年頃でしょうか。勤めていた至光社という絵本の出版社がフランクフルト・ブックフェアにスタンドを出していて、私も自分たちの絵本を各国で買ってもらうために参加していました。そしてそのフランクフルトの前後にロンドンやニューヨークの出版社を訪ねたのです。私は売り込み隊員だったのですが、「こういう本を出しているところは、この本は買わないいな」と思うところにも売り込みに行かなければならないので、かなりきつい仕事でした。でも、本当に勉強になりましたし、いろんな人に会うチャンスができて幸運だったと思います。

ウルスラ・ノードストーム（一九一〇‐一九八八）
アメリカの編集者。E・B・ホワイト、マーガレット・ワイズ・ブラウン、モーリス・センダックらの名作を世に送り出した。

フランクフルト・ブックフェア
毎年一〇月に開催される世界最大の書籍の見本市。

そういう中で出会った編集者のひとりがシャーロット・ゾロトウでした。日本を出る前に、「フランクフルトの後でニューヨークに寄るので、いついつお目にかかれないでしょうか？」と連絡してアポイントメントをとって行きました。いわゆるアメリカ人の「ハーイ！」というような打ち解けた感じとはちょっとちがって、たいへんもの静かなレディで、服装なども、あの当時でも本当にシックで、つつましやかに小さな声で静かに話をする素敵な人でした。「今年はなにを見せてくれるの？」と言う彼女の前で、恐ろしいことではあるのですが、自分が担いでいっている至光社の新刊を広げて、英文になっているテキストは別にタイプしたものがあるのですけれども、一ページずつ彼女に話して聞かせる、それが私の仕事だったのです。でもそれはとてもいい勉強になったと思います。ああいう人の前で自分たちがつくった本の読み聞かせをするのです。その頃、杉田豊さんの本とか、いわさきちひろさんの新刊だとか、世界中で話題になった印刷の美しい絵本もたくさん出してはいたのですが、結局最後まで、ゾロトウには本は買ってもらえませんでした。

すごくおかしくて忘れられない思い出は、人に会う前に、ちょっとお手洗いにいっておきたいと思うじゃないですか。そのときもいつものように、ゾロトウに会う前にと思って、お手洗いにいったのですが、そしたらお手洗いでゾロトウに会ってしまって(笑)。もう、すごく具合が悪かった。向こうも、「ん?」って。彼女は武士の情けでなにも言いませんでしたが、私は本当にどうしようかと思いました。

前回お話ししましたゴフスタインのエージェントをしているエディット・クロールという人がいて、ボローニャのブックフェアで毎年会っているのですが、数年前に、私が「あなた、ゴフスタインのエージェントとして会う前にどっかで会ったことあるんじゃない?」と尋ねたら、「そうよ、私はゾロトウのアシスタントでした」と言うのですね。あれから三〇年は経っていたのですが、まだ憶えていてくれたのです、名字も変わっているのに。「ありがたい」と思いました。

ゾロトウは自分の絵本だけでも七〇冊くらいつくっており、私の本棚にはそのうち三〇冊くらいありますので、今日はいくつかご紹介したいと思います。

絵本はハッピーエンドでなければならない

私がとても気に入っているのは *My Friend John*（邦題『なかよし』）という本です。男の子の友情物語というか、いかにも男の子らしいお話です。相手の家のことなんかもよく知っていて、それぞれの家の隠れ場所がどこにあるか、自分のお母さんの方がお料理が上手だけれど、ジョンのお父さんの方が面白い話を上手にしてくれるだとか。自分たちのおこづかい稼ぎに、レモネード屋さんを出したとき、看板をつくるのに、ジョンは英語のスペルをちゃんと書けない、でも僕は掛け算や足し算がとても苦手だとか。お互いの弱点をすべて知っている友だち。あるいは、夜寝るときにあいつは怖くて全部電気を消せないんだとか、プールで飛び込めないんだとか、いろいろなことが出てきます。ほほえましくていいな、と思っているのは、最後のページで、あいつがどの女の子のことを好きかってことも僕は知っているし、僕がめがねの子のことを好きだってこともあいつは知っているんだ、というところ。とてもほのぼのとしたいい本です。

私が基本的に絵本や子どもの本で重要だと思っているのは、絶対的に、ハッ

My Friend John
『なかよし』

シャーロット・ゾロトウ文、ベン・シェクター絵

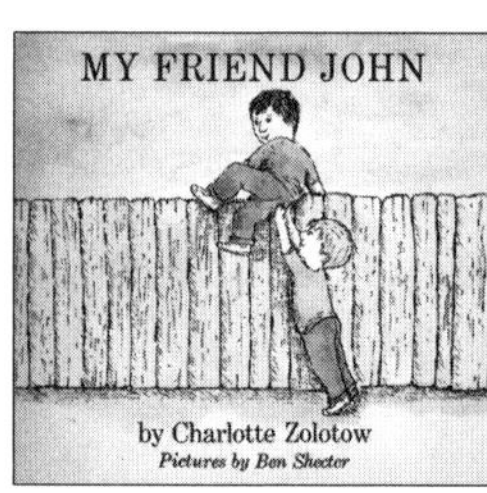

ピーエンド、あるいは完全なハッピーエンドではないにしても、きちんと希望がある、ということです。ハッピーエンドというよりも、悲しんでいる子どものそばに立っている、それがゾロトウの本の素晴しいところだと思います。そういう意味で、子どものときに、そういういいもの、ハッピーエンド、あるいは、将来に希望をつなぐものに会っていれば、大人になってからでもかなりなことに耐えていけると思うのです。それはたぶん子どものころの刷り込みだと思います。満ち足りた状態だけが幸せなことではなくて、いろんなことに出会っても希望を失わないでいける、人を愛していける、そういうことが幸せではないかと思うのです。

二、三年前にＤＨＣ――化粧品屋さんとして知られていますが、ＤＨＣとは大学翻訳センターの略だそうです――が出した『一〇〇歳の美しい脳――アルツハイマー病解明に手をさしのべた修道女たち』を読みました。アメリカ人の脳外科医がアルツハイマーのことを調べたいと思って、毎年、年とった修道女の記憶力のテストを続けたそうです。どうしてシスターたちだったかというと、彼女たちは非常に規則正しい生活をしているし、修道院に入る前の生活、成育歴などが資料としてきちんとファイルにとってあり、トレースすることが可能だったからだそうです。そうやってずっと何年も何百人ものシスターたちにテストをして、何年か経ったときに、「実はお願いがあるのです。ご自分たちが亡くなったときにあなた方の脳を私に下さい」と言ったそうです。そしたら、「えーっ」と言って、いくらシスターたちでも驚いたらしいのです。「どうする、どうする」と隣のシスターたちとつっつき合って。しかし、考えてみれば、結婚して子どもがいるわけでもないし、将来になにか残していくものもないから、未来のためにこうやって脳を残していくのもいいのかもしれないわね、ということで、たくさんのシスターたちが承諾してくれたようです。実際、いかにもアメリカのシスターらしく、「私たち、天国で脳がない状態で走り回っているのよね」って（笑）。そして、献体されたシスターたちの脳を調べると、当然アルツハイマーの症状を呈していても不思議はないはずなのに、そうなっていない人たちがいるというのです。

私はその話がすごく気に入って、ＩＢＢＹ（国際児童図書評議会）の理事の再選の立候補のスピーチでその話をしました。私が大ホールの壇の上でアルツハイマーとかなんとか言いだしたので、会場の人たちは怪訝な顔をしていました。そこで私が紹介したのは、生物学的、医学的にはアルツハイマーの症状を呈し

ＩＢＢＹ（国際児童図書評議会）
International Board on Books for Young People の略称。一九五三年にスイスのチューリッヒで設立。子どもと子どもの本に関わる人をつなぐ世界的ネットワークとして活動。

ていても決しておかしくない所見なのに、そうならなかったシスターたちの成育歴をみると、子ども時代の読書、あるいは子ども時代の読み聞かせというのが、共通の大きな理由だとしか思えないというお医者さんの説でした。その話をしたら、世界中のＩＢＢＹの友人たちが、「じゃあ、あんた、私たち、アルツハイマーにならないって保証するわけね」と言うので、「私が保証するんじゃなくて、そういうふうに、本に書いてあったの」と言って逃げ出したのですけれど。それはたぶん、物事をあまり悲観的に考えないということ、そういうことの刷り込みがとても大切なことだということではないかと思うのです。

ア・ファーザー・ライク・ザット

やはりゾロトウの *A Father Like That*（邦題『おとうさん』）――「そのようなお父さん」という意味でしょうか――これは、お父さんのいない子どもがお母さんを相手に、僕にお父さんがいてくれたら、こういうことをしてくれる、あいうことをしてくれる、とお話しする絵本です。たとえば、お父さんがいたら、僕がいたずらして学校に呼び出されて、先生になにか言われたとしても、「男

『おとうさん』
シャーロット・ゾロトウ文、ベン・シェクター絵

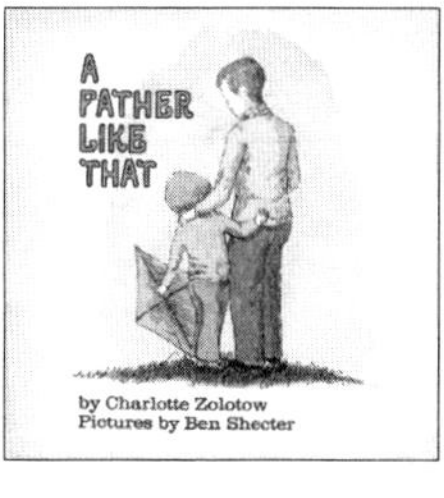

の子ってそういうもんですよ」と言ってくれるはずだとか、もう本当に理想的なお父さんの姿が書いてあるのですね。左の絵は、「男の子ってそういうもんですよ」とお父さんが言ってくれているところ、右にはそれを聞いているお母さんの絵。これはさわやかなつくりではあるけれど、内容的にはすごく重要なことをいっていると思います。お父さんのいない子ども、その少年がお父さんに寄せる思い。僕のお父さんはああいう人なはずだとか、こういう人なはずだとか、一緒に大工仕事をしてくれるだろうとか、キャンプに連れていってくれるだろうとか、僕が緑色のシャツが嫌だといったら、「男の子っていうものは緑色のシャツなんか着たくないものなんだよ」とお母さんに言ってくれるとか。お母さんが嫌がるテレビなんかも一緒に見てくれて、「男の子っていうものはこういうのが好きなんだよな」とお父さんは言ってくれるとか。ありとあらゆる理想のお父さんを並べたてているんです。素晴しいと思うのは、ずっと針仕事をしながら息子の空想話を聞いているお母さんが、「あんたが言っているお父さんというのは、私も本当に好きだわ。それだったら、自分がお父さんになったときにそういうお父さんになったらどう?」と言うのです。これはちょっと胸がきゅんとする、本当にいい絵本だと思います。

私の息子たちの父親（末盛憲彦）は、彼らが六歳と八歳のときに突然亡くなったのですけれど、本当にここに出てくるようなお父さんでした。だから息子たちの喪失感といったらたいへんなものだったと思います。でも、母親に対してのいたわりからか、子どもたちはなにも言わなかった。テレビ番組『夢であいましょう』などのディレクターでしたから、ものすごく忙しくて、自分が結婚するまでは、自分の部下がデートがあろうがなにがあろうが、仕事が終わらないのに、時間になったから早く帰ろうとするとすごく怒ったようです。しかし自分が四〇歳を過ぎて結婚して子どもができたら、もう本当にうれしくてしょうがなくて、家が職場から近かったこともあるのでしょうけれども、「末さん、今日どうしたの？」と同僚が探すと、子どもをお風呂に入れに帰ったとか。お葬式のときに黒柳徹子さんが、あきれ返って、泣きながら笑いながら、話してくれました。そういうお父さんでした。

　うちの近くに小田急線が走っていて、小さな踏切があるのですが、二番目の息子が生まれる前だったでしょうか、散歩しているときに、よちよち歩きの長男と夫が後ろから来ないな、と思って戻ってみると、カンカンカンと遮断機が下りてくるまで踏み切りの中にいて、カンカンカンカンと鳴り出すと、親子ふた

末盛憲彦
（一九二九－一九八三）
NHKプロデューサー・ディレクター。バラエティ番組のさきがけとなる『夢であいましょう』『ステージ一〇一』などの演出をした。

『夢であいましょう』
一九六一－一九六六年にわたりNHKで放映されたテレビ黎明期を代表するバラエティ番組。構成は永六輔、音楽は中村八大で、『上を向いて歩こう』『遠くへ行きたい』『こんにちは赤ちゃん』などの歌がこの番組から生まれた。

りで手をつないで、「あー怖かった!」って逃げてきて、電車が行ってしまうと、また踏み切りの中へ（笑）。男の人ってこういうこと楽しむんだって、びっくり仰天したのです。その話をこの間息子にしたら、「あ、そう？　でもそういうことって、しちゃいけないのかな？」と言うから、「これ父親の息子だ！」と思いました（笑）。そういう*A Father Like That*です。

ちょっとさびしい本ですが、*The Summer Night*は、お母さんがいない娘と父親が、本当に静かにあたたかく、できるだけあたたかく過ごしていくというしんみりした実にいい本です。

If You Listen。これは*A Father Like That*とかなり似ていると思いますが、今度は女の子が、いなくなったお父さんのことをお母さんにいろいろ聞いているお話です。もう目で見ることができない、亡くなったのか、亡くなってないのかはなにもいっていないのですが、「目の前にいないし、手でも触れないのに、お父さんが私のことを愛してくれているってどうしてわかるの？」と女の子がお母さんを質問攻めにします。「もしあなたが耳を澄まして静かに聴いていたら、鐘の音とかいろんな遠くの音を聴いたときに、自分を愛してくれていたその人が、今も愛してくれているということがわかるはずよ」とお母さんが答え

If You Listen
Charlotte Zolotow, Marc Simont (illust)

る、とても素敵な本です。これも絶版になっているようですけれども、もったいないと思います。

ゾロトウが、父親のいないお母さんと息子、あるいはお母さんと娘というテーマ、あるいは次に紹介するけんかの本などを出すようになるのは、ベトナム戦争の時期だったからかな、と今になって思います。これはまったく私の想像ですが、直接的に戦争のことを声高にいうのではなく、いかにもゾロトウらしく、こういうかたちで「争い」というものを表現したことで、作品として永遠のベストセラーになったのではないかと思います。

日常を描く

私がとても好きなのは *The Hating Book*（邦題『けんか』）。女の子が、親友とちょっとしたことでいさかいになってしまって、ずっとけんかして、「あの子なんか大嫌い大嫌い！」と言います。そしてお母さんに「あの子なんて大嫌い」と言うと、「どうしてそんなにいじわるするようになったの？ってあの子に聞いてごらん」とお母さんが言うんです。その子は、それまでは絶対聞け

The Hating Book
『けんか』
シャーロット・ゾロトウ文、ベン・シェクター絵

ない、死んだって聞けないって言っていたのですが、何回目かにそうだな、聞きに行ってみようかな、と思って、思い切ってその子の家を訪ねていって、「どうしてこの前あんなことしたの？」と聞くのです。すると、むこうはむこうで、泣きそうになって、彼女が言ったことで、たいしたことじゃなかったのに傷ついていたということがわかって、めでたしめでたし、という話です。大人だってちょっとした誤解で、「あいつ嫌な奴」と思ってしまうこと、いろいろなところでありますね。そういうテーマを正面きってタイトルにして、絵本にするというのは、ゾロトウがするまで誰も考えなかったのではないかと思います。

The Hating Book と少し似ているのですが、*The Quarreling Book*（邦題『なかなおり』）という絵本があります。ことのはじまりは、ある雨の日に、お父さんが会社に行くときに「いってきます」ってお母さんにキスするのを忘れてしまったのです。そしてお母さんはそれで機嫌が悪くなり、それから全部、機嫌が悪いことが連鎖します。お母さんはなんだかわからないけれども、息子に怒鳴ります。それで、息子はお姉さんに怒鳴ります。お姉さんは学校に行って友だちに怒鳴ります。そして、友だちが弟に怒鳴り、小さい男の子はすっかりふさぎこんでしまって、犬に怒鳴るのです。ところが、犬は自分と遊んでくれて

いるんだと思って、きゃきゃきゃきゃきゃと喜んで、ケンカの相手にならないのです。そして犬と遊んで、すっかりその子は機嫌が直ってお姉さんと仲直りして、お姉さんも友だちに電話をして仲直りをして、お母さんも機嫌が直って、お父さんが帰ってくる前にごはんの支度もして、そして雨も上がって、お父さんはルンルンと帰ってきて、お母さんに、「ただいま」のとびきり上等のキスをしました、というお話です。実にたわいがないのですけれども、でも、人が仲たがいをするのは、ほとんどこの程度の理由ではないかなという気がします。虫の居所が悪いというか。ただ、親が機嫌が悪いというのは、子どもは敏感に察しますからね。私もよく弟などと話します。夫婦喧嘩というのは子どもにとって本当に最悪だねって。

兄弟を描く

それから、*Big Sister and Little Sister*（邦題『ねえさんといもうと』）。これは日本で絶版になっているようで、ちょっともったいないなと思います。私がもっているのは矢川澄子さんの訳です。いつでも面倒を見てくれるお姉さんと、い

『ねえさんといもうと』
シャーロット・ゾロトウ文、マーサ・アレキサンダー絵

つでもそれに頼り切っている妹。だけど、妹はなんでもかんでもお姉さんにやってもらう、面倒を見てもらうというのが嫌になって、雲隠れしてしまい、お姉さんが一生懸命妹を探しても見つからなくて、ついに泣き出してしまうというお話です。とてもいい本だと思います。こういうことは、いろんなところにたくさんあると思います。

私は六人、小さい頃に亡くなった弟も入れると、七人兄弟の長女だったものですから、私と一番下の妹の年は二〇歳離れています。だから、一番下が一〇歳になるまででも、うちの母は三〇年子育てしていたということになります。私が大学生のときに一番下の妹が生まれたので、そんな頃に母親がお腹が大きいなんて恥ずかしいような気がしていました。それなのに生まれてみたらかわいくてかわいくて。動く人形なんです。だから面白くて、よく面倒を見ていました。母はそれをいいことに、「もういいかげん子育てにあきているな、このお母さん」という感じで、住み込みのベビーシッターがいるかのように私に預けて展覧会などに出かけていました。私は妹を予防注射に連れて行ったり、幼稚園の遠足にまでついて行きました。一緒に歩いていると若いお母さんだと思われて、「いいね、今日はママとおでかけ?」と言われて、妹の方もニヤリと、「まただよね」というような顔をするのです。

戦争中、親戚中がみんなで北海道に疎開して、その後、私の家族は岩手に再疎開したのですが、北海道の釧路に疎開していたときの話だと思います。伯母がなにか食べものでも、いいものがあって、私にくれると、「伯母ちゃん、これ、妹にもやってくれる?」と必ず言ったのだそうです。何年か前にその話を聞いて、「えーっ」て仰天したんです。そんなこと言ってたんだ、なんかかわいくないなって思いますけれど(笑)。小さい頃は、長女にとっては、弟妹がたくさんいることは負担でもあります。私の家では特にそうだったかと思いますが、今になるとたくさん兄弟がいるのは本当に幸福だな、と思っています。

編集者として

ゾロトウはたいへんに優れた編集者でもあります。モーリス・センダックが『かいじゅうたちのいるところ』という非常に有名な傑作絵本をつくる前に、彼女はセンダックと *Mr. Rabbit and the Lovely Present*(邦題『うさぎさんてつだってほしいの』)というそれは美しい絵本をつくっています。お母さんの誕生

モーリス・センダック(一九二八-)

アメリカの絵本作家。代表作『かいじゅうたちのいるところ』は世界的ベストセラー。二〇〇九年には映画化もされた。

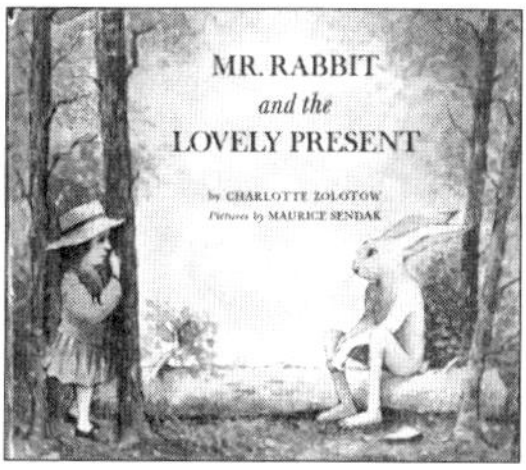

Mr. Rabbit and the Lovely Present
『うさぎさんてつだってほしいの』
モーリス・センダック絵、シャーロット・ゾロトウ文

日になにをあげればいいかわからない女の子が、「うさぎさん手伝ってほしいの」と言ってうさぎに頼みます。非常に不思議なセクシーなうさぎなのですが、うさぎさんは女の子と野原に行って花を摘んだりするのですが、女の子は「でもそれじゃ足りないわ」と必ず言うので、うさぎさんは頭を抱えて、一緒にりんごをとったり梨をもいだりします。そして「お母さんへのプレゼントもこれだけ集まったからもういいね」と言ってうさぎさんは山に帰っていくというお話です。これを出したのは一九六二年で、センダックが『かいじゅうたちのいるところ』を出したのが一九六三年です。そして一九六四年にセンダックはコルデコット賞を受けています。このことだけを見ても、ゾロトウが非常に優れた編集者だったということをあらためて思いました。

彼女は、『のはらにおはながさきはじめたら』という邦題で出ている絵本 *Do you know what I'll do?* では、『大草原の小さな家』の原本の絵を描いているガース・ウィリアムズという人に絵を描いてもらってもいます。ゾロトウのかなり古い頃の本ですが、センダックにもいえるように、ずいぶんいい画家と仕事をしていると思います。その原本は、私の宝物なのです。ちょっとぼろぼろですが、ゾロトウが「To Chieko Funakoshi」とサインしてくれています。独身のとき

コルデコット賞

一九三七年にアメリカ図書館協会によって創設されたアメリカで出版された絵本の中で最も優れた作品の画家に対して年に一度贈られる賞。

『のはらにおはながさきはじめたら』

シャーロット・ゾロトウ文、ガース・ウィリアムス絵

身のとき舟越姓でしたので。秋にフランクフルトのブックフェアの帰りに、必ずニューヨークに寄っていたので、「私がなにをしようとしているか知ってる？　また木の葉が紅くなったとき、あなたが来るのを楽しみにしているわ」と書いてくれました。

松岡享子さんが訳している『かぜはどこへいくの』という本は、上の息子が小学校のときに図書室から借りてきて知った本です。「へぇ、彼はこういう本を借りてくるんだ」と思って見ました。とても静かないい本でした。

先ほどからゾロトウが編集者として非常に優れているということを言っていますけれども、ガース・ウィリアムズの本は一九五八年、『うさぎさんてつだってほしいの』が一九六二年、『かいじゅうたちのいるところ』は一九六三年に出版されています。ゾロトウは、ある時期から自分の手がけた本に、すごく素敵な「シャーロット・ゾロトウ・ブック」ときれいなマークをつけています。こういうことって、とても素敵なことだと思います。ゴフスタインの『作家』もゾロトウが編集者として自分のマークをつけた絵本です。『オーケストラの一〇五人』という日本語タイトルで私のところから出した *The Philharmonic gets dressed* も彼女の手になる傑作です。

ガース・モンゴメリー・ウィリアムズ（一九一二 - 一九九六）
アメリカの絵本作家。主な作品に、『大草原の小さな家』『しろいうさぎとくろいうさぎ』『シャーロットのおくりもの』など。

『オーケストラの一〇五人』
カーラ・カスキン文、マーク・サイモント絵

ゾロトウとともに

私は、一九七二年に至光社の季刊誌『ひろば』に「シャーロット・ゾロトウ」という六ページの原稿を書いているのですが、それを書いたときは、息子はまだひとりしか生まれていなくて、一歳か二歳でした。その後、私の人生には、夫が死んだり、息子が大怪我をしたり、あるいは私が再婚したりと、いろんなことがありましたけれども、今読み返してみて、一九七二年に書いた原稿が古臭い青臭いとは思わなかったし、まったくそれが今だに変わらないということに気がつきました。それは本当にうれしい発見でした。そのことが「人生に大切なことはすべて絵本から教わった」ということかしら、とあらためて思いました。

うちのいたずらな次男が中学、高校のとき、男の子たちがしょっちゅう遊びに来ていました。私が朝起きると、彼らは寝るところがないので、居間の床にセイウチかオットセイのようにずらーっと、かたまりになって寝ているのです。私は仕方がないから、カレーライスを山のようにつくっておいてやる、ということが、ずいぶん続きました。そしてあるとき、いつも使っていたカレーのルーが手に入らなくて別なルーを使ったのです。そうしたら、そのうちの男の子のひとりが、「おまえのうちのカレーの味が変わった」と言ったのです。ほかの友だちが「お前そんなことまでわかるのか」って。私はちょっとそれを自慢に思っているのです。「マイ・フレンド・ジョン」みたいじゃないですか。

高校生になって、夏休みのキャンプの前の日に、例によってみんながうちに泊まりました。夕方、玄関でピンポンとチャイムが鳴って、なにかなと思って出てみたら、息子と息子の親友がお巡りさんと一緒に帰ってきたのです。一体どうしたのかと思ったら、彼らが自動販売機でビールを買ったらしいんですね。ちょうどそこでお巡りさんに出会って、それで馬鹿だから、お巡りさんの姿が見えた途端に、自転車で逃げたんですね。逃げたら追っかけられるに決まっているじゃないですか。別に飲んでいるところを見つかったわけじゃないから、私もどうしようかと思いました。お巡りさんもきっと先刻ご承知だと思いましたけれども、「あ、すいません。私、息子たちにビールを買ってきてって頼んでしまったんです」と言ったら、「わかりました。もう夏休みでいろんなことがありますので、気をつけて下さいね」と。「はい、すいませんでした」と言って、お巡りさんは帰っていきました。その後、息子と友だちを、「あんたたち！」って怒鳴ったのですけれど。でもそれは、今思い出してもすごくおかしい。お巡りさんが来たからって、自転車で、それもギーコギーコというママチャリで逃げて。

そういう味付けが、ゾロトウの本にはみんなあるような気がするのです。それが魅力だと思います。誰にでも似たような経験があって、どこかほろっとしたり、くすっと笑うような静かな雰囲気が彼女の本にはあります。

女性の生き方を考える——ねずみ女房を入り口にして

おばあさんも若かった

今回は、「女性の生き方を考える」という、やたらと大げさなタイトルをつけてしまって、ちょっと自分で自家中毒を起してしまいそうで、困っておりますが（笑）。どちらにしても私が話すのですから、そんなにえらそうなことになりませんので、どうぞ気楽にお聞き下さい。たくさんの本を紹介したいと思います。

「ねずみ女房を入り口にして」というサブタイトルをつけたのですが、手もとに三冊の『ねずみ女房』があります。私が読んだのは、石井桃子さん訳の福音館書店のもので、たぶん、それは一九五一年の初版本を原本にして翻訳したのだと思います。中の絵などほとんど同じです。八三年にヘイディ・ホルダーの絵でマクミラン社から出た版は、また全然別な雰囲気です。

どうして『ねずみ女房』に魅かれたのか。これを読んだのはずいぶん昔、たぶん結婚して子どもが生まれるというときだったと思います。主人公は亭主関白の旦那さんにわいわい文句を言われながら、一生懸命子育てしている普通のねずみの奥さん。そのねずみ女房が、自分が住んでいるお屋敷に飼われている

『ねずみ女房』

ルーマー・ゴッデン作、W・P・デュボア画

鳩と友だちになり、鳩を通して、世界がもっと広いということを知ります。自分の見たことのない世界、星を見るということも鳩を通して知るのです。しかし亭主の方は、そういう自分の知らない世界を女房がもつというのが不愉快でたまらなくて、ねずみ女房にかみついたりするんです。それでもねずみ女房は家族を捨てることもなく生きていく。そして、そんなに外の世界が素晴しいのであれば、鳩はなんとかして外の世界に出たがっているのだろう、とねずみ女房は思うんです。頼まれたわけでもないのに、ねずみ女房は、鳩の飼われている鳥かごの鍵をはずしてやります。それは、ねずみ女房にとっては鳩との別れにもなるわけですけれども、鳩を大空に還してやるのです。

もともとワーズワースの妹ドロシー・ワーズワースの日記にこの話が書かれていたのですが、そこではねずみは鳩を鳥かごから出してはやらなかったそうです。でも、ルーマ・ゴッデンという作者は「どうしても鳩を放してやりたい、それが自然だと思って、鳩を放してやりました」とあとがきに書いていますす。まさしくそうだと思います。そしてなんの変化もなく、ねずみ女房はそのまま平凡に毎日を暮らすのですが、おばあさんになったとき、「若いねずみたちが、ねずみ女房を見ると、普通のおばあさんねずみなのに、どこか違ってい

ドロシー・ワーズワース（一七七一-一八五五）

イギリスの作家、詩人。彼女の日記は、ロマン派を代表する詩人ウィリアム・ワーズワース研究の資料としても重要視されている。

ルーマ・ゴッデン（一九〇七-一九九八）

インドで生まれ育ったイギリスの小説家。一九三九年映画にもなった『黒水仙』で作家としての地位を確立。主な作品に『人形の家』『ディダコイ』など。

ました」というのです。そこが、私はとっても好きなのです。自分がこの歳になると、私があのとき結構おばあさんだと思っていた人が、「なんだ、結構若かったんだ」と思ったりしますよね。

自分の個人的なことを申しますと、私の母も七人の子どもを育てて、兄弟の歳がみんなすごく離れているものですから、三〇年にわたっての子育てでした。一番下（私とは二〇歳違う）が一〇歳になるまでに、私が生まれてから三〇年かかっているのですよね。三〇年子育てしていたらあきていますからね（笑）。母もやはり普通のお母さんとは違って、はっきりと自分の世界をもっている人でした。そして安定した定収入のある生活よりも、父がよい作品をつくることを大切に考えた人でした。でも、子どものときは、そのことが不満でした。どうしてうちのお母さんはあんなに家事が上手じゃないんだろう（笑）とかね。九三歳で今も元気ですけれど、父の命日にお墓参りに行っては、妹が笑うんです。お母さんってば、「毎年、私もすぐにいきますからね」とお墓の前でおいおい泣くんだけれども、ぜんぜん元気で、いく気配がないって（笑）。私の周りにも、そういうねずみ女房がいるなと思います。

おじいさんやおばあさんが、若いときに恋をして、結婚して、ということがあったことを、子どもや孫は想像がつかないですね。そういういろいろな思いがあって、ねずみ女房がとても好きでした。
『ゲド戦記』などの翻訳で知られる清水眞砂子さんの本に『そしてねずみ女房は星を見た』という評論集があります。ねずみ女房のことだけを書いているのではなくて、いろんな本のことを書いていて、本当に面白い本です。この中で、矢川澄子さんが『ねずみ女房』のことを「これは不倫を奨励する本だ」と言った、と笑って書いていて、私も笑ってしまいました。

グランマ・モーゼスの生涯

Grandma Moses という巨大な本を紹介します。アメリカのプリミティブ・アーティストといいましょうか、グランマ・モーゼスというお百姓さんであったおばあさんが描いたものです。これは出たときに手に入れたのですが、我が家に来てからすでに立派な古書になってしまいました。とても厚いので重さに耐えかねて、ばらけそうになってしまうのですよね。いろいろなアメリカの田舎の景色、農場が描いてあって、とても素晴しいと思います。

Grandma Moses
Otto Kallir

グランマ・モーゼスは、アメリカの健康な時代の人だったと思います。一八六〇年に生まれて、一二歳のときにはもう近くの農家で働き出して、二七歳で結婚。一〇人の子どもを生みましたが、五人は小さいうちに亡くなり、五八歳のときに、初めて絵を描いた、とあります。六七歳のときに夫が亡くなり、七〇歳のときに娘がふたりの子どもを残して死に、その後、数年間は孫を育てます。写真を見ると、ごくごく普通のおばあさんですが、とても美しいおばあさんです。

一九三九年、七九歳のときに、ニューヨーク近代美術館で「知られざるアメリカの絵描きたち」という展覧会があり、そのときに彼女の絵が三点紹介されたのだそうです。それがたぶん、世の中に知られる大きなきっかけだったと思います。それまでは、アメリカのフェアと呼ばれる農産物などを持ち寄って売る田舎の見本市で、家畜や野菜などと一緒に絵を見せたり販売したりしていたようです。一九四〇年、八〇歳のときにニューヨークのギンベルというデパートで催されたサンクスギビングのお祭り（感謝祭）のイベントに招かれ、一九四九年にはたぐいまれな美術への貢献のためにウーマンズ・ナショナル・プレス・クラブ・アワードという賞を受け、その授賞式がワシントンＤＣであり、トルーマン大統領が賞をくれたのだそうです。戦後、日本でも『ライフ』という雑誌を買う人が多かったと思いますが、私の母が「『ライフ』でこの人がトルーマンと写真に写っていたのを見たわね」と言っていました。そのことからもグランマ・モーゼスは結構知られていたのだと思います。一九六一年に一〇一歳で亡くなりますが、その数ヵ月前に、虹の絵を描いたのが最後だったようです。

本当に最後まで、健康で、孫を育てるということを引き受けたりする、ごくごく当たり前のおばあさんだったということが素敵だと思います。でもそれだけではなく、確かにプロフェッショナルの絵描きさんとは違うとは思いますが、パースペクティブ、風景を描いたときの遠近感というようなものが――それは彼女がもって生まれたものかもしれませんし、自分の目でよく見て獲得したものかもしれませんけれど――非常に洗練された構図になっていると思います。実際に、いつも実物を見て描いていたわけではないでしょうから、自分の記憶の中に本当にさまざまなものがたくさんしまってあって、立派な「ねずみ女房」だったのだろうな、と思います。

彼女が生まれたのはニューヨーク州ではありますが、ずいぶん田舎の方で、屋根の掛かった橋があるようなところだったようです。一九四〇年、八〇歳の

『ライフ』（LIFE）
写真を主としたアメリカの雑誌。一九三六年創刊。二〇〇七年休刊。

とき、先ほど申し上げたギンベルというデパートのサンクスギビングで彼女の絵が使われたときに、初めてニューヨーク・シティに出てきたそうです。八〇歳のとき、ねずみ女房はちょっと「街のねずみ女房」になったのだと思います。この本は私が大事にしているものですが、本棚で埃にまみれているだけじゃかわいそうだと思って、今日は持ってきてみました。

ミス・カーターのユーモア

グランマ・モーゼスと非常に似ていますが、イギリスのヘレン・ブラッドレイというおばあさんの *And Miss Carter wore Pink*（邦題『ミスカーターはいつもピンクの服』）という絵本があります。暮しの手帖社が日本語版を出し、今もあるそうです。

この本は私にとって忘れがたい思い出があるのです。ロンドンのジョナサン・ケイプという出版社で編集者と話しているときに、ちょうどこの本の製本見本が担当編集者の彼女のところに届いたのです。彼女が非常に興奮して、「これは、宝物のような出会いなの」と見せてくれて、「この本欲しい？」と聞くもので

ヘレン・ブラッドレイ（一九〇〇-一九七九）

六五歳からエドワード朝の少女時代の光景を描き始める。最初は、孫たちに世の中が自分たちの子ども時代からいかに変化したかを見せるためだった。世界的な名声を博した。

『ミスカーターはいつもピンクの服』

ヘレン・ブラッドレイ作

すから、「欲しい！ に決まっているじゃないの！」と答えました。そしたら、「ちゃんと部数ができたときに送ってあげるから」と言って、送ってくれたのがこの本です。

本当にかわいいと思うのは、この中のすべてのページのどこかに、ヘレンと弟が必ずいることです。そして自分たちの犬を連れています。その頃はどこでもそうだったのか、それともイギリス人だからでしょうか、そんなに散歩をするのかな、と思うのですけれども。また、時代だと思いますが、火事が多いのですね。火事があったときにどうだったこうだったということが描いてあります。おままごとしているところや、子ども時代の思い出など、本当に楽しいところがたくさんあります。

なぜピンクなのかといいますと、叔父さんがその頃つきあっていたミス・カーターという人が、いつでもピンクのドレスを着ていたということなのですね。当時は今のようにいろんな色の生地をつくるのは難しい時代だったかもしれませんので、ピンクのドレスというのはめったになかったのではないかな、と私は想像しているのですけれど。叔父さんのガールフレンドが、いつでもピンクのドレスを着ているというのが、小さい子どもながらに憧れだったのでしょうね。窓の外をミス・カーターが通る景色とか、どこかに必ずピンクのドレスが入るんですね。このシリーズが三、四冊出ています。私が持っているのは三冊です。人物の細かい絵、人が集まっている絵——女の人がいっせいに集まってパンを焼く日とか、いっせいに集まってシーツやなにか大きなものをみんなで洗濯する日とか、お葬式とか、その時代と社会を知るという意味でも、非常に面白いと思います。アメリカでは、今も活発だと思いますが、キルティングなんかも、女の人が集まっておしゃべりしながらする仕事だったのだと思います。映画の『風と共に去りぬ』で、女の人たちが南北戦争の最中、「だれが来ても知らんぷりしているのよ」とか言いながらキルティングをしている場面がありますよね。あれを見て、「キルティングってああいう風にしてやっていたんだ」と納得しました。

「ミス・カーター・シリーズ」には素晴しいユーモアが溢れています。雨ばっかり降っているときにどうしたらいいか、というお話があるのですが、「イギリスでは、おひさまに石炭やストーブの煤がついているから、屋根にのぼって乾物の棒の先にフックをつけておひさまを手繰り寄せて、銀磨きかなんかで磨いて空に戻してやれば、少しは明るくなるんじゃないか」とおばあさんが言っ

映画『風と共に去りぬ』
マーガレット・ミッチェル作の長編時代小説を原作に一九三九年製作のアメリカ映画。ヴィクター・フレミング監督。アカデミー賞九部門受賞。

たとか（笑）。「大雨になったらどうしよう」と子どもたちが言うと、「大丈夫よ、そんなことになったって。そしたら、このテーブルをひっくり返して、みんなでその上に乗って、ぷかぷかといろんなところに行けるじゃない」と言ったとか。おばあさんとのやり取りが非常に面白い。おばあさんと孫の関係というのは、親子とも違う、非常にいい、面白い関係だと思います。そんなほら吹きばあさんの話がたくさんシリーズに出てきます。それだけではなく、当時の社会の様子がよくわかる貴重な本だと思います。

孤独と向き合う

日本でも出ていて非常に有名な本ですが、*Emma*（邦題『エマおばあちゃん』）という、家族に知られずに一生懸命絵を描いている素敵なおばあさんのお話もおすすめです。これは作者のバーバラ・クーニーが自分の姿を描いたのかもしれません。

　それから、敬意を表して、「ピーター・ラビット」シリーズのベアトリクス・ポッター。ジュディ・テイラーの *Beatrix Potter* という評伝では、ベアトリク

EMMA
『エマおばあちゃん』
ウェンディ・ケッセルマン文、バーバラ・クーニー絵

バーバラ・クーニー
（一九一七‐二〇〇〇）
アメリカの絵本作家。生涯二〇〇冊以上の絵本を手がけた。『チャンティクリアときつね』『にぐるまひいて』でコルデコット賞を二度受賞。

ス・ポッターが、ほかにどういうふうに絵の勉強をしていたかということがよくわかります。こういう基礎的な訓練を誰にも見せないで、こつこつこつこつひとりでやって、絵を描いて、ピーター・ラビットが出てきたんだなぁと思います。映画で『ミス・ポター』というのがありましたが、本当によくできていて楽しんで見ました。この評伝は知り合いの元編集者が書いた本で、ずっと私の手もとにあったのですが、今回手にとってみて、本当にいい本だなとあらためて思いました。そして、ピーター・ラビットといえば忘れられないのが、英国のロイヤル・バレエのスターたちが驚くほど精巧につくられた着ぐるみを着て、自然の中で踊る映画『ピーター・ラビットと仲間たち　ザ・バレエ』です。まるでコッツウォルドの丘の向こうに、ピーター・ラビットとかあひるのジマイマとか、かえるのジェレミーが住んでいて、私たちの目に見えないだけではないかと思うほどです。まだ見ていらっしゃらない方にはぜひおすすめしたいと思います。ときどきいろんなところで鑑賞会が開かれていますから。

絵本ではありませんが、女性の生き方を考えるという意味で、アン・モロウ・リンドバーグの『海からの贈物』。この中では、ごく普通の家庭の主婦が、子どもや夫のこと、人間関係をどのように考えていくのかというようなことを書

ベアトリクス・ポッター
（一八六六・一九四三）
イギリスの絵本作家。ピーターラビットの印税をナショナル・トラストに寄付し、運動を盛り上げたことでも知られる。

映画『ミス・ポター』
二〇〇六年イギリス・アメリカ合作のポッターの伝記映画。クリス・ヌーナン監督。

映画『ピーターラビットと仲間たち　ザ・バレエ』
一九七一年製作のイギリスのバレエ映画。主演ロイヤル・バレエ団、振付フレデリック・アシュトン、監督レジナルド・ミルズ。

いています。これは本当に素晴しい本だと思います。日本語版は、昔は吉田健一さんが訳されていて、最近、落合恵子さんが訳されました。吉田健一さんのときに、「これってやっぱり男の人には訳してもらいたくない」と思ったものです（笑）。

アン・モロウ・リンドバーグというのは、私にとって英語の先生だった、とも思います。というのは、とてもやさしい英語を使っているのですが、すごくいい文章なのです。ずっと経ってから、須賀敦子さんの本を読んだときにアン・モロウ・リンドバーグと共通する雰囲気があると思いました。文体とか文章とか育った環境とか。育った環境というと語弊がありますが、精神の有り様とでもいったらいいでしょうか、共通したものがあるような気がしました。そして英語でも、こういうふうに使っていいんだ、という発見がありました。その頃、洋書というと丸善しかありませんでしたので、アン・モロウ・リンドバーグの手紙とか日記とか、出る度に、取り寄せてもらっていました。厚い本ですが、そんなに辞書を引かなくてもいいくらいに難しい言葉は使わない文章なんです。そして主語はどれだろうとか考える必要がないくらいに素直で非常にスムーズというか、ごく普通の女の人が話しているような口調で書いています。

アン・モロウ・リンドバーグ（一九〇六-二〇〇一）
史上初の大西洋単独横断飛行の成功者チャールズ・リンドバーグの妻。女性飛行家の草分けとなったほか、多くの著作を残した。

吉田健一（一九一二-一九七七）
評論家、作家、英文学者。父は元内閣総理大臣の吉田茂。ヨーロッパ古典文学への素養をもとに、評論や小説、翻訳を手がけた。

須賀敦子（一九二九-一九九八）
作家、翻訳家。イタリアに留学し結婚するが、夫と死別し帰国。その後、数十年を経て作家活動を行なう。著書に『ミラノ　霧アン・モロウ・リンドバーグのご主人は『翼よ！　あれが巴里の灯だ』という映画にもなりましたが、スピリット・オブ・セント・ルイス号でパリに飛んでいったパイロットです。彼は、大西洋横断を世界で初めて成功させ、アメリカからの親善大使のようなかたちで、世界中の大使館を廻りました。そしてメキシコに彼が現れたときに、アン・モロウ・リンドバーグと出会って、結婚することになるのです。彼女のお父さんは財界の大立者で、当時、メキシコ大使を務めていました。

『翼よ！　あれが巴里の灯だ』の後のリンドバーグの人気は、今、私たちが想像できないくらいにものすごいものだったようです。だから、財界のお嬢様であっても、とてもたいへんだったと思います。結婚してからは、生まれたばかりの男の赤ちゃんが誘拐されて、裏の林に死体が埋められているのが発見されるという、究極の悲劇のようなことも経験しています。彼女の日記の中で私が忘れられないくだりがあります。普段はきっと運転手つきの車にでも乗っているような彼女が、なにかでニューヨークの地下鉄に乗ります。そして、見知らぬ人がいっぱい乗っている車内で、「あなたたちの中で誰が私の子どもを殺したの？」と心の中で叫んでいる自分に気がついた、というのです。本当になん

の風景』『コルシア書店の仲間たち』など。

映画『翼よ！　あれが巴里の灯だ』
一九五六年製作のアメリカ映画。監督ビリー・ワイルダー、主演ジェームズ・スチュワート。

ともいいようがない感じがしました。彼女自身は本当に素敵なエッセイをたくさん書いて、何年か前に亡くなりました。私にとっては、たいへんに素晴しい人、仰ぎ見る存在でした。

自然だけを友として

次にご紹介するのは、イーディス・ホールデンの *The Country Diary of an Edwardian Lady*（邦題『カントリー・ダイアリー』）という美しい本です。これは一時流行りましたので、ご存知の方も多いかもしれません。エドワード七世時代（一九〇一年‐一九一〇年）というのは、ヴィクトリア女王の直後に、ほんの一〇年間、在位した王様の時代です。作者はその時代の女性で、写真で見てもとても美しい、楚々とした女性です。アメリカの詩人エミリー・ディキンスンなどもそうですが、一種、引きこもりなのでしょうか、自然を観察しながら、誰にも知られずに、ずっとこの絵日記を描いていました。本当に美しい絵日記なのです。ですから、文字も彼女の書いた文字のまんまです。ノートがきっとこの本くらいの大きさだったのでしょう。この本の編集者の非常に優れた感覚

The Country Diary of an Edwardian Lady

Edith Holden

エミリー・エリザベス・ディキンソン（一八三〇‐一八八六）

アメリカを代表する女性詩人。生前は無名であったが、没後一七〇〇篇以上の詩作が発見され、高い評価を受けた。

は、彼女の絵日記を丸ごとそのまま本にしてしまったのですね。本当に楽しいのです。彼女は、美術学校で絵を学ぶのですが、お花をとろうと思って、小川の岸辺で花に手を伸ばして足を滑らせて、川で溺れてしまうという、悲劇的な最期を遂げます。でもその最期はあまりに彼女に似合い過ぎているような感じもします。

それからガートルード・ジャッキルの*Miss Jekyll: Portrait of a Great Gardener*。この表紙を見たときに噴き出してしまいました。私もこういう靴をもう一〇年以上もずっと履いているからです（笑）。「ジャッキル」とは『ジキル博士とハイド氏』のジキルと同じ名前だと思います。ウイリアム・モリスなどと同じ時期で、もちろん交流もあったと思います。彼女は絵描きになりたいと思っていましたが、弱視でした。非常に目が悪いので、写真は撮ったりしているのですが、絵描きになることは諦めてしまいます。本にはおばあさんのときの彼女の肖像画が載っています。もちろん、最初からおばあさんだったわけではないのですが、若いときの写真は見たことがありません。四歳のときにはすでに庭に興味をもっていたようです。このポートレイトは油絵だと思うのですが、画家が彼女の肖像画を描こうとしても、日のある間は庭にいるので、

ガートルード・ジャッキル
（一八四三-一九三二）
イギリスを代表する女性園芸家。絵画を学んだ経験を活かし、庭における葉、花のいろどりの調和を目指す「カラー・スキーム（色彩計画）」を初めて実践した。

Miss Jekyll
Betty Massingham

結局は夜しか描けなかったという話が残っています。

私が、「目からうろこ」と思ったのは、彼女は要するに英国式ガーデニングの祖のような人だったのです。彼女のデザインした庭がいろいろ残っています。それが本当に美しいのです。庭というのは「眠れる森の美女」ではないですが、手入れをしないとあっという間に森になってしまいますね。そしてなぜか今、彼女の庭を残そうと、カリフォリニア大学の人たちが取り組んでいるようなのです。当時はカラーの写真などはありませんでしたが、彼女が描いた庭の設計図が残っており、どの花の隣になにをもってくるかというのが全部書いてあるのです。それは本当に楽しいし、素敵だと思います。何色のお花の隣に何色をもってくるか――それは絵を描くことと結局共通していると思いました。彼女が写した写真もたくさん残っていて、たいへん興味深いと思います。この本は今の人が彼女の描いた庭の設計図に色をつけたものです。たいへんに美しくできた本だと思います。お花というのは、そのときは美しくても、その花が終わって次の季節になったときに、そこになにが咲くかということが大きな問題としてありますね。だから一年中、次にどうなるかということも考えておくことが重要な作業なのだと思います。今でこそ日本でもいろいろ見られますが、銀灰

ウィリアム・モリス（一八三四 - 一八九六）
イギリスの詩人、デザイナー、思想家。産業革命の時代に、生活と芸術の一致を目指すアーツ・アンド・クラフツ運動を実践、モダンデザインの源流をつくった。

色というか白い葉の植物を庭にもち込んだのはこの人です。ギリシャとかトルコの方で見て気に入ったのです。そして彼女は四五歳のとき、二〇歳の大工のルティエンスと運命的な出会いをして、彼を大切な仕事上のパートナーとして、自分のもっているものをすべて教えこんだといいます。彼を教育して、自分の庭と理想的にマッチする建築をつくらせたのです。その後彼は偉大な建築家になり、サーの称号を与えられました。今でも英国の伝統的な家屋の建築に彼の影響が見えないことはないというほどの人のようです。

強く、美しい女性たち

グウェン・ラヴェラという人の *Period Piece* という本は、ケンブリッジで過ごした彼女の子ども時代の話です。彼女はチャールズ・ダーウィンの孫で、ウェッジウッド家の一員でもあります。そういう名家のお嬢さんでありながら、彼女自身は非常に優れた絵描きさんでした。ラヴェラというのは不思議な名前ですが、イタリア人の夫の姓だと思います。この本はずいぶん前に『思い出のケンブリッジ――ダーウィン家の子どもたち』という題で日本語に訳され

エドウィン・ルティエンス
（一八六九－一九四四）
イギリスの建築家。二〇世紀において伝統的な様式の建造物を制作したことで知られる。

グウェン・ラヴェラ
（一八八五－一九五七）
イギリスの画家。生物学者チャールズ・ダーウィンの孫娘。

チャールズ・ダーウィン
（一八〇九－一八八二）
イギリスの生物学者。「進化論」を提唱した。

ウェッジウッド家
一七五九年、イギリスのスタフォードシャー州・バーズレムで世界最大級の陶器ブランドを創業したジョサイア・ウェッジウッドの一族。

ていて、たいへん楽しいですから、おすすめします。その頃ののどかなケンブリッジの子ども時代が描かれていて、英国では一時ベストセラーだったそうです。この本では彼女が乳母車を押しているところから始まり、最後に、画家の夫が病気になり、夫を乗せた乳母車のような車椅子を押しているところで終わります。別に皮肉で描いているわけではないと思いますが、人生とはこういうものということでしょうか。彼女自身の伝記 *Gwen Raverat* が、最近出ています。表紙になっている自画像が強烈で、ルシアン・フロイドを思わせるような絵です。

　第一回でお話ししたタシャ・チューダーという人もまた、本当に不思議な、美しく強い人だったと思います。

　それからジョージア・オキーフという画家。みすず書房から『私、ジョージア』というとても素敵な絵本が出ています。ジョージア・オキーフという人は、有名な写真家のアルフレッド・スティーグリッツに見出され、ずっとずっと年上の彼と結婚しました。彼女の伝記によると、自分にも他人にも、ものすごく厳しい人だったようです。画面いっぱいに花そのものだけを大きく描いた絵など、本当に不思議な世界、なかなかとっつきにくいけれど、魅力的だと思いま

Gwen Raverat
France Spalding

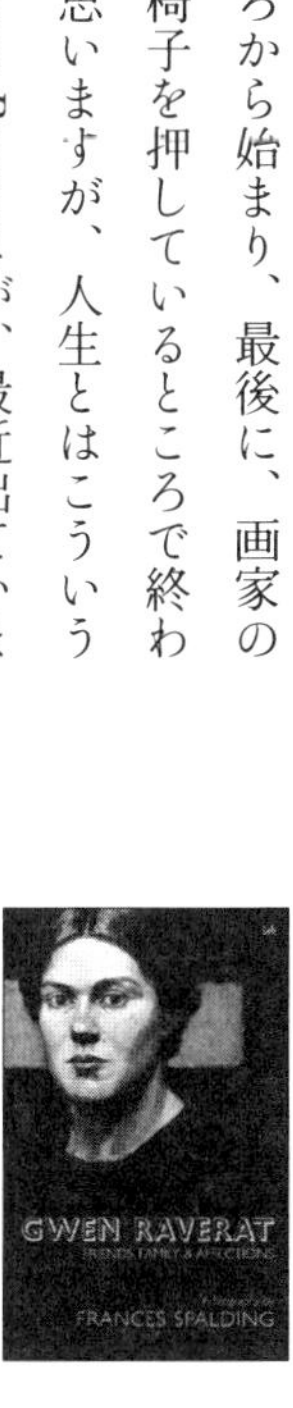

ジョージア・オキーフ
（一八八七－一九八六）
アメリカの画家。拡大した花を画面いっぱいに描いた作品や、牛の頭蓋骨をイコンのように威厳を込めて描いた作品で知られる。

す。だれもこんなことを考えたことはなかったでしょう、真っ黒いペチュニアと白い朝顔が一メートルもある画面いっぱいに描かれています。そしてその質感の見事なこと。本当に素晴しい画家だったと思います。ただ、そばにいたら怖いだろうなと思うような本当にすごみのある美しいおばあさんでしたけれど。晩年はアメリカのニューメキシコの砂漠の中でたったひとりで暮らしていました。最後の方は、彼女の世話をする若者が一緒に住んでいたようです。ジョージア・オキーフなんかは、ちょっと「ねずみ女房」のかわいらしさとは違うけれども、女性としては興味があります。

私が、もしかして日本の女性の絵本の中で一番好きかもしれないという本が、山本容子さんの『おこちゃん』です。もうこんなおかしい話はないというくらい楽しいです。「よおこちゃん」が「おこちゃん」になったのだと思いますけれど、山本さんって、あまりに立派で、美しくて、近寄りがたいイメージがあるじゃないですか。「でも、こんな子だったんだ」と突然、親しみが湧いて「正体見ちゃったもんね」というか——自分で描いておられるから秘密でもなんでもないんですけれども(笑)。私の友人の編集者が手がけた本だったのですが、すごく楽しいです。

『私、ジョージア』
ジャネット・ウィンター作

アルフレッド・スティーグリッツ
(一八六四 - 一九四六)
アメリカの写真家。絵画の模倣が中心だった写真を脱し、写真独自の道を切り開き、後の写真家に多大なる影響を与えた。「近代写真の父」といわれる。

修道女たちの生き方

児島なおみさんが描いた『聖マグダレナ・ソフィア・バラ』は、皇后様が卒業された聖心女子大学を経営する修道会である聖心会（本部フランス）の成り立ちについてまとめた、本当にかわいらしい絵本です。今から二〇〇年ほど前、フランス革命後の混沌とした世の中で、娘たちの教育をするのがとても難しいときに、修道院が女子教育を始めたようで、マグダレナ・ソフィア・バラも女子教育の仕事を始めました。この絵本では彼女の人生を詳しくたどっています。

私は身近に修道女の友人がいて、そういう人びととおつきあいがいろいろありますが、日本から始まった修道会でも、同様の取り組みがありました。奄美大島では昭和の初めにたいへんな飢饉があり、多くの子どもが捨て子にされました。その捨て子を拾ってきてはお世話する、ひとりのカナダ人の神父さんがいました。その神父さんを手伝って娘さんたちが子どもたちの世話をする。やがてその人たちがそのまま修道会をつくって修道女になっていきました。今もまだ東京にもその支部があります。孤児院――今は養護施設というわけですが――をつくって、そのまま働いているシスターたちです。現在は普通の修道服

『おこちゃん』

山本容子作

『聖マグダレナ・ソフィア・バラ』

児島なおみ作

ですけれども、私が大学生のとき初めてその方たちにお会いしたときは、和服の修道服を着ていました。「えーっ」と思ったのですけれども、成り立ちを知ったら、なるほどと思いました。

また、五島列島では、おそらく隠れキリシタンの末裔だと思いますけれども、やはり貧しい人たちの世話をする「女部屋」というグループが自発的に始まり、修道会になっていきました。五島列島にはほとんどお医者がいなかったので、自分たちの中で一番優秀だと思う若い娘さんを仕込んで勉強させて、自分たちは干芋だけを食べて、みんなでお金を貯めて、その娘さんを東京の女子医大に送り、お医者にして呼び戻す、ということをしていたようです。今もあるだろうと思いますが、ものすごくダイナミックだと思い、女部屋について非常に興味をもって読んだことがあります。

実際お会いしたことはないのですが、私たちの仕事を応援してくださる、群馬県桐生市にある聖クララ会のシスターたちがおられます。アッシジの聖フランチェスコと一緒に修道生活を始めた聖クララという人のグループが今も世界中で続いています。桐生にある修道院のシスターが描いた絵葉書が、すごくかわいいので、いつか絵本にできたらいいと思います。まだ訪ねたことはない

アッシジのフランチェスコ（一一八一－一二二六）

フランシスコ会の創設者として知られるカトリック修道士。悔悛と神の国を説き、中世イタリアにおける最も著名な聖人のひとりであり、カトリック教会と聖公会で崇敬される。シエナのカタリナと共にイタリアの守護聖人。

のですが、シスターが畑仕事なんかしながら、働いているところの絵を見ると、きっと楽しい人たちなのだろうな、と思わせられます。

函館のトラピスト修道院にも友人としか言いようのない素敵なシスターたちがいます。たくましくトラクターを使って、畑仕事をし、酪農をし、美しい祈りの歌を歌い続ける方たちです。そしてその中のおひとりは本当に美しく楽しい絵を描く方でした。これは夢のような女性の生き方だと思います。

大編集者マーガレット・マッケルダリー

そして、ようやく、マーガレット・マッケルダリーです。「タシャ・チェーダー」のセミナーのときに、まどみちをさんの詩を皇后様が英訳されて、マーガレット・マッケルダリーというアメリカの編集者と私のすえもりブックスで『どうぶつたち』を共同出版したことはお話ししました。

アメリカでは、児童書にふたつの分野の賞があって、その年の一番優秀な絵本にはコルデコット賞、読みものにはニューベリー賞が与えられます。それはもう奇蹟のような、信じられないことなのですが、彼女はある年、自分の手が

マーガレット・K・マッケルダリー（一九一二-）
一五頁参照。

ニューベリー賞
一九二二年にアメリカ図書館協会によって創設された世界で最初の児童文学賞。アメリカで出版された児童書の中で最も優れたものに対し年に一度贈られる。

けた本が両方の賞を受けたのです。つまり、一冊はコルデコット賞、一冊はニューベリー賞を受賞するということがあって、授賞式でてんてこまいしたという話を読んだことがあります。とても素敵なレディですが、すごく面白い人です。たぶん私が二〇代の終わりのときぐらいに初めて会ったのですが、そのとき、ちょうど彼女は五〇歳。アラウンドフォーティじゃなくてフィフティだったと思うのですけれども（笑）。美人というわけではなく、彼女の鼻は本当に有名で、あんな不思議な鼻を見たことがないというような鼻をしているのですけれども、全体の雰囲気がとても美しい人です。その人と一緒に本をつくるようなことになるとは思ってもいませんでした。

彼女が八〇歳のとき、ボローニャのブックフェアの期間中にお祝いの食事会があって、だれが主催かはわからないのですが、各国の編集者たちがいろいろ招かれて、郊外のレストランに集まりました。みんなでわいわいして本当に楽しい会でした。アメリカのある有名出版社の編集長の男の人が挨拶に立って、マーガレット・マッケルダリーについて、「ボローニャのブックフェアに集まっている人は、みんな彼女のような編集者になりたいと思っていると思います」と言ったのです。もう大手の出版社の編集長になっている彼にそう言わしめる

ボローニャ・ブックフェア
イタリアのボローニャで毎年春に開かれる世界最大規模の児童図書見本市。

人でした。気品に満ちた、本当に素敵な人です。

たまたま『どうぶつたち』が出たときに、彼女を皇后様にお引き合わせするために、島多代さんと日本に招いたことがあり、そのとき、私の両親が岩手山の麓にもっている別荘に三人で車で行ったことがありました。数日間の滞在中、あんなにしゃべったことがないっていうくらい、三人でしゃべり続けました。だれかが家の中のどこかに行くと、くっついていってまだしゃべっている。それこそ盛岡のお蕎麦屋さんに行って、そこでもしゃべって、美術館に行っても、家に帰ってもっていう感じで。まるで彼女についての物語が書けそうでした。そして、彼女の生い立ちのことなど、いろいろと聞きました。あの本を知っているか、この本を読んだか、ここの棚にこんな本がある、といって話が尽きませんでした。

彼女のお父さんとお母さんはアイルランドからの移民なのですが、アメリカに移住してくるときに、独身の男の人と女の人として船に乗り合わせて、そこで恋をして結婚したそうです。映画の『タイタニック』みたいですね。またジェイムズ・ジョイスの『ダブリンの市民』の中のイーヴリンを思わせます。私はあの短編がとても好きなのです。彼女はアメリカの有名な女子大を出ているの

島多代（一九三七-）
児童文学研究家。私設絵本資料室ミュゼ・イマジネール主宰。一九九八年から二〇〇二年まで、国際児童図書評議会（IBBY）において、アジア人初の会長を務めた。

ジェイムズ・ジョイス（一八八二-一九四一）
アイルランドの小説家。主著に『ダブリン市民』『若き芸術家の肖像』『ユリシーズ』『フィネガンズ・ウェイク』がある。

ですが、ニューヨークからちょっと離れた、汽車で小一時間かかる寮で生活していたそうです。映画のようだと驚いたのは、週末にデートでニューヨークに出てきて、ハーレムにあった、かの有名なコットンクラブで、デューク・エリントンのバンドの音楽でダンスしていたというのです。もう夢のような話でした。「まったく容姿には自信がなかったのだけれど、なぜかもてたの。自分では気がつかなかったのだけれども、私はとってもダンスが上手だったみたいなの」と言うんです。その頃、彼女はすでに八〇幾つのおばあさんでしたけれどもね（笑）。

思い出すのは、ある年、ボローニャの前に寄ったロンドンで、出版人がよく泊まる小さなホテルで彼女と一緒になったときのことです。ロンドンで銀行の支店長をしていた私の大学時代の友人が夕食に迎えに来てくれて、ロビーで一緒になったので彼女に紹介したのです。友人はいい人物で背が高く素敵な人でした。次の朝、朝食のときに彼女に会ったら、「私、あの人だったら、デートしてもいいわ」って言うのです（笑）。私もびっくり仰天して「だってあなた八〇幾つですよ」って（笑）。でも、そのことは、友人として私にはとても誇らしいことだったので、あとからその銀行家の友人に、「あなた、あの人がそ

コットン・クラブ
一九二〇年代の禁酒法時代、ニューヨークハーレム地区にあった高級ナイトクラブ。

デューク・エリントン（一八九九－一九七四）
アメリカのジャズ・ピアニスト。ビック・バンド「デューク・エリントン・オーケストラ」を率い、ハーレム・ルネッサンスを象徴する活躍をみせた。

う言っていたわよ」と伝えたのですが、彼にとってはただのおばあさんだったようで、そばにいたほかの友だちに「だってすんごいばあさんだったよ」って(笑)。彼女は本当にそう、「ねずみ女房」だなと思います。

第二次世界大戦はアメリカの人たちにとっても、最終的に勝ったとはいえ、たいへんだったと思います。当時、彼女はすでにニューヨーク・パブリック・ライブラリーの図書館員から編集者になっていましたが、彼女はロンドンで兵役についていたようです。その当時、女性の兵隊さんは、「陸軍婦人部隊WAC(Women's Army Corps)」と呼ばれ、前線には行きませんが、前線に近いところで事務の仕事をしたようです。昔『南太平洋』という映画でミッチ・ゲイナーが扮したのが、そういう兵隊さんだったと思います。マーガレットもああいう格好をしていたのかなと思います。それでロンドンの街のことは本当に詳しいのです。

その頃、お母さんから手紙がきたそうですが、「お前は大丈夫かね、危険はないのかね」という言葉の後に、「ただし、今、お前が一番大切にしなければならないことは任務です」と書いてあったというのです。子どもを戦地に送るということはどこの国でもそういうことなのだ、とそのときにあらためて思い

映画『南太平洋』

ロジャース&ハマースタインの大ヒット・ミュージカルを映画化した一九五八年製作のアメリカ映画。ジョシュア・ローガン監督。

ミッチー・ゲイナー(一九三一-)

アメリカの女優。主な出演作に『ショウほど素敵な商売はない』『抱擁』『南太平洋』など。

ました。

すえもりブックスからは、『どうぶつたち』のほか、彼女が出した『海と島のマイリ』を翻訳出版しています。オットセイをめぐる、イギリスから北欧にかけて多くみられる伝説です。文章はマーガレットの親友のスーザン・クーパーという人で、絵はこれも彼女が見い出して大切に育てたウォリック・ハットンというケンブリッジに住んでいた画家です。日本でいえば羽衣伝説でしょうか。オットセイが春の大潮のときに岩にあがって皮を脱いで人間の娘さんの姿になって日向ぼっこをしていました。その美しい娘さんに恋をした村の若者が皮を隠してしまいます。皮を隠してしまうとそのオットセイはもう海に帰れないからです。彼は彼女と強引に結婚して、子どもも生まれます。彼女は本当に幸せそうにしているのですが、赤ちゃんをだっこしながら、いつでも海の音を聴いているという不思議なお母さんでした。あるとき、小さな子どもが、お父さんがオットセイの皮を乾いてしまわないように、油を塗って大切にしているのを見てしまいます。そうしないと皮の持ち主のほうも死んでしまうからです。そして子どもがお母さんに、「お父さんはどうしてあいうものをしまって大切に手入れをしているの?」と聞くのです。お母さんは自分の皮がとって

『海と島のマイリ』
スーザン・クーパー文、ウォリック・ハットン絵

スーザン・クーパー（一九三五-）
イギリスのファンタジー作家、児童文学者。『ロンドンサンデータイムズ』のジャーナリストとして活躍後、アメリカに移住。一九七六年ニューベリー賞受賞。主な絵本に、『灰色の王』『光の六つのしるし』など。

あることを知り、やがて、子どもたちが見送る中、自分の皮を持って海に帰っていきます。海にも待っている家族がいるからと言って。お姉さんが下の子を支えながら海に帰っていく母親を健気に見送ります。ただその後も、彼ら家族が漁をしているときはいつも魚がたくさんとれたし、嵐のときにも絶対に大丈夫なように周りをオットセイの群れが見守っていた、というお話です。

私はこれを最初に手にしたとき、お母さんが皮を持って海に帰っていく場面があまりにも残酷で、かわいそうだと思いました。でも考えてみれば、世の中には、離ればなれに暮らしている家族はたくさんいます。そういう人たちにとって、これは、目の前にいなくてもその人たちの幸せをどこかで見守っている母親や父親がいるという本当にいいメッセージだと思うようになりました。どっちがいいとか悪いとかいうのではなくて、別れて暮らさざるを得ない家族というものがたくさんあると思います。この本を出すことにしたちょうどそのとき、私は今の夫と再婚しようとしていました。私の方は、早くに夫に死なれたので、なんの問題もなく、息子たちと一緒に「パパは素敵な人だった」と言い続けていればいいようなものだったのですが、夫の方は前の奥さんが遠くに生きていて、子どもたちは本当に傷ついて生きているな、という感じがありました。彼

ウォリック・ハットン
（一九四一－一九九四）

イギリスの画家。聖書やギリシャ神話などを題材に多くの絵本を制作した。主な絵本に『アダムとエバ』『美女と野獣』など。

らにとっても、この本はいいメッセージになると思いました。静岡の方だと思いますが、この本を小学校の読み聞かせに使ってくださったことがありました。その学校には養護施設から通ってくる子どもが何人もいて、クラス中が泣きながら聞いてくれたという手紙をいただいたことがあります。ウォリック・ハットンの本はほかにもジー・シー・プレスのときに出していますが、『美女と野獣』など、とても美しい本です。

この小さな銀色の表紙の手づくりの簡単な本はタイトルもそのものずばり*Margaret K. McElderry*という本です。マーガレット・マッケルダリーの誕生日に、彼女の関わってきたいろんな作家たちが彼女に対してのお祝いのメッセージを書いたもので、しかも製本しないで、ただ印刷して紺色のリボンで結んで、食事会の参加者にくれたものです。とても素敵なものだと思います。

それぞれの人生

最後に、絵本作家ではないのですが、甲斐仁代という人をご紹介します。彼女については印刷物がまったくないのです。

Margaret K. McElderry

私がまだ二〇代の頃、至光社で働いている頃だったと思いますが、銀座の松坂屋の裏の方のビルに画廊をもっている女性からときどき案内をいただいていました。その人から、自分の美術学校時代の同級生でもう亡くなった甲斐仁代という人の展覧会をしますという案内がきたのです。独身で、絵を描くだけ描いて、死んでしまって、友人たちと片付けに行ったら、アトリエに二〇〇〇点もの油絵があって、そのままにするのはもったいないから、できるだけ額装にして、みなさんに見てもらいたいという案内でした。その案内状になっていた絣の着物を着た自画像に、私はすごく惹かれたのだと思います。行ってみると、大きな絵もあったと思いますが、小さな、私でも買えるような絵もたくさんあって、本当に安いお金だったと思いますが、きれいないちごの絵を買いました。キャンバスなんかじゃなくて、ありとあらゆるものに描いていたのですね。私が持っているいちごの絵は、新年会の案内状かなにかのはがきの上に描いてあって、絵の具の薄いところは透けて、そのころの和文タイプライターの字が見えるくらいですが、油絵で描いてあるのです。それをとても気に入っています。彼女の自画像に惹かれたということもあり、なにか自分の手もとに持っていたいと思ったのだと思います。今も自宅の玄関に飾ってあります。

二〇〇〇点もの絵があったということは、それほど多くの仕事をしたということもありますし、それだけ売れなかったということでもあるかもしれません。でも、売れても売れなくても、描き続けた人生だったと思います。そういう人がいる、そういう人生もあったのだと思うのです。

延々とまとまりのない話だったとは思いますが、いろいろな女性の人生を垣間見れたのではないかと思います。今日はこのへんで。

家族の風景——The Family of Man

家族共有の本

私が育った家に *The Family of Man*（『ザ・ファミリー・オブ・マン』）という本がありました。母が展覧会を見て感激して買ってきた図録だったと思います。私は中学生ぐらいだったでしょうか。「なにしろ、素晴しい展覧会だった」と母が感激していました。その図録はうちの居間のどこかにいつも転がっているという状態でしたので、なにか特別なものではなく、いつでもみんながこれを手にして見ているという感じでした。やがて私が絵本の仕事をするようになって、その核にこの本があるということに気づきました。絵本のテーマになるようなことがすべてここにある——。あまり人には言いませんでしたが、実はそう思ってきました。この前、弟と話していたのですが、一〇歳下の彼もやはりこの本がうちにあったことを非常に鮮明に覚えていました。あのページのあの写真が怖かっただとか、あのページのあの写真がどうだったとか。家族みんなに共通の存在だったと思います。そして、私自身は、この本を通して人間をいとおしく思う感覚が育ってきたような気がしています。もちろん、この本だけではありませんが。

The Family of Man

Edward Steichen

エドワード・スタイケン
（一八七九-一九七三）

アメリカの写真家。一九四七年にニューヨーク近代美術館の写真部長に就任、多くの展覧会を企画し、アート写真の普及に貢献した。

ロバート・キャパ
（一九一三-一九五四）

ハンガリー生まれの写真家。歴史的な戦争の現場に立ち会い、報道写真を数多く残す。ベトナこの写真展は、一九五五年にニューヨーク近代美術館で開催され、世界を巡回した展覧会です。エドワード・スタイケンという写真家が音頭執りで、ロバート・キャパとか、その頃のいろいろな写真家たちが関わって作品を出しています。日本からも何人もの人の写真が入っています。私がよく記憶しているところでは、濱谷浩の田んぼのお百姓さんの写真など、すごくいい写真です。

この本の中に人間の喜びも悲しみもすべてが入っていると私は思っているのです。写真のキャプションを読みながら気づいたのは、ここで使われている言葉で圧倒的に多いのは、旧約聖書とアメリカ・インディアン——今はネイティブ・アメリカンというのでしょうけれど——の言葉でした。スー族だとか、プエブロ・インディアンだとか。そこには人間についての、真理というか、深い知恵、そういうものが込められているのだと思います。それから、中国の老子の言葉。英語に訳されたものが非常に優れていたということもあるのかもしれませんが、やはり老子はたいへん大きい存在としてあるのだと思います。

写真の端には小さく撮影者のクレジットが必ず入っています。私が好きな写真家、ドアノーとか、ウェイン・ミラーとか、いろいろな人たちが入っています。

ム取材中に地雷に触れて死亡。

濱谷浩
（一九一五－一九九九）
写真家。日本の人と風土を撮影したドキュメンタリー写真を数多く手がける。主な写真集に『裏日本』『日本列島』など。

ロベール・ドアノー
（一九一二－一九九四）
フランスの写真家。日常生活の瞬間をユーモアとやさしさをもって切り取った写真で知られる。「パリ市庁舎前のキス」は有名。

ウェイン・ミラー
（一九一八－）
アメリカの写真家。家族愛をとらえた作品を多く残す。現在は写真家をやめ、森林保護活動に専念。

恋愛、結婚、家族、戦争……

この本『ザ・ファミリー・オブ・マン（われらみな　人間家族）』は、草むらで小さな女の子が寝ている写真にカール・サンドバーグの文章が添えられたプロローグで始まります。そこには

世界にはたったひとりの男しかいない、その名はすべての男たち。
世界にはたったひとりの女しかいない、その名はすべての女たち。
世界にはたったひとりの子どもしかいない、その名はすべての子どもたち。
カメラの証言、人類の大峡谷のドラマ、喜び、神秘、神聖さが織りなす叙事詩——
ここに人類という家族がいる！

という言葉が入っています。

次に世界中の恋人たちの写真が続き、冒頭にはジェイムズ・ジョイスの恋人

カール・サンドバーグ（一八七八 - 一九六七）

アメリカの詩人、作家。三十八歳のときに出した詩集で一躍名を馳せ、アブラハム・リンカーンの伝記と自身の詩集で、ふたつのピューリッツァー賞を受賞。

たちの会話が載っています。


……それで私は彼に目で頼んだの、もう一度聞いてちょうだいって。

そして彼は聞いたの、いいかいって。

それで最初に私が彼に腕をまわしたの、そして私の上に引き寄せたの、彼が私の胸や香水を感じられるようにしたの。

すると、彼の心臓は狂ったようになったの。

そして、私はいいのよって言ったの。


「小説家って、すごい」という感じがします。

それから、世界中の結婚式の写真がきます。こういう風に、恋をして、結婚して、子どもが生まれて、と続いていきます。赤ちゃんの誕生の場面もありますし、赤ちゃんが生まれてからの家族の姿もあります。そして、子どもたちがだんだん大きくなって、ただ楽しいだけではなくて、悲しみとか苦しみとか、紛争の写真も載っています。そこには、『アンネの日記』のアンネ・フランクの「私はそれでもみんな人間は心の中ではいい人なんだと信じています」という言葉が入れられています。これは一九五五年の展覧会ですから、『アンネの日記』が一九四七年に初めて出版されて、まだそれほど時間が経っていない頃ではないかと思います。『光ほのかに――アンネの日記』が日本で出たのは、私が中学生になったくらいのときだったと思います。一九五二年です。そのため、なにか勝手に――私たちの世代はみんなそうじゃないかと思いますが――アンネ・フランクを同時代の、私たちの時代の人と思っているところがありました。だからこそ、ここにアンネの言葉が出ていることに鳥肌が立つように感動しました。ここに選ばれている言葉は、それぞれ本当に素晴しいと思います。

そして最後は、幼い男の子と女の子が歩いていく後姿のユージン・スミスの有名な写真と、「世界はおまえたちの足もとから生まれる」という言葉で締めくくられています。

この本におさめられている写真から私がどのようなことを思うかということを、いくつか好きな写真をご紹介しながらお話ししていきたいと思います。

アンネ・フランク
（一九二九－一九四五）

第二次世界大戦中、ベルゲン・ベンゼン強制収容所で短い生涯を終えたユダヤ人の少女。ナチスの迫害を逃れてアムステルダムに暮らした日々の様子を綴った日記は、死後に出版され、世界的ベストセラーとなった。

ユージン・スミス
（一九一八－一九七八）

アメリカの写真家。ヒューマニズムに基づく数多くのフォトエッセイを発表し、グラフジャーナリズムの全盛時代を創りあげた。主な写真集に『ミナマタ』など。

恋人たちを写した写真でぜひお見せしたいと思った写真は、（ドアノーの「恋のはじまり」というタイトルの）並んだ二軒のお店のそれぞれの入り口に立ったふたりが見つめ合っている写真です。そして、同じくドアノーの、パリの街角で恋人がキスしている有名な写真です。何年か前に、このふたりが誰だかわかったということが、世界中の新聞に配信されました。もちろん、もうおじいさんとおばあさんなのですが、そのくらい、世界中で人気のあった写真です。もっとも、ちょっと、今さら余計なお世話という気もしました。

妊婦を撮った写真もあり、私が中学生ぐらいのときから好きだったのは、お腹の大きな美しい女の人と子猫が一緒に映っている写真です。

家族を撮った写真はたくさん載っています。本当に素朴なイタリアの若いお百姓さん一家の写真は、聖家族のようで、ひときわ大きく載っています。農作業の帰りに、馬車に乗って家路についていているのだと思います。

そして子どもたちの写真。私が好きなのは、アメリカの炭坑町の子どもたちの写真です。どの子も泥だらけで、家の前の柵に寄りかかって世間話をしているようなんです、子どもなのに。上にいるふたりの男の子たち、五歳か六歳ぐらいでしょうか、まるで「おい、これから飲みに行こうぜ」って言っているような感じです（笑）。そして、その下の段でまっすぐこちらを見ている二、三歳の男の子は、身なりは貧しいけれど、なんとも威厳があって、本当に素晴しい写真だと思います。

炭鉱町の子どもたちの写真では、もう一枚、イギリスのウェールズでしょうか、おしゃまな女の子たちが、ハイヒールをもち出してきて、しゃなりしゃなりと歩いてみせている、どこかこっけいで、しかも哀愁のある写真があります。

ジャワと書いてありますから、インドネシアでしょうか。少年が、今まさに狙い定めてビー玉を投げようとしている写真です。これも有名な写真で、昔アメリカの出版社を訪ねたときに、ある編集者がこの写真の大きなプリントを部屋に飾っていました。あっ、この人もこの写真が好きなのだと思いました。本当に静かな美しい写真です。

アフリカのお話会、読み聞かせではなくてストーリーテリングの見事な写真もあります。おじいさんが、周りに大人と子どもを集めて、身振り手振りでお話ししていて、聞いている人たちも、楽しそうです。おじいさんの声も聞こえるようですし、怖がりながらも、うれしそうに話しを聞いている子どもたちの声も聞こえてくるようで、素晴しい写真だと思います。みんな裸なんです。

遊んでいる人々の写真には、シスターたちが遊動円木のような遊具に乗って楽しそうに遊んでいる写真もあります。これはどう考えてもアメリカ人のシスターだと思います。日本人のシスターたちは超まじめですから、絶対こんなことしませんよね（笑）。

小学生からアインシュタインまでの学ぶ姿も紹介されています。知りたいと思うのは人類の必然の自由であるというようなことが書かれています。老子の言葉として、「知恵のある人が宇宙を見るとき、その人は小さいものを小さすぎると思わず、大きいものを大きすぎると思わない。それぞれの重要性には限界がないと知っているから」とあります。

労働の写真を集めたページもあります。ドイツではないかと思いますが、少年レンガ工が本当にしっかりした顔でこちらを見つめている、ちょっと忘れられない写真があります。

災害や飢饉を撮った写真もあります。以前は気がつかなかったのですが、今回よく見たら、画家のベン・シャーンが写した写真がありました。女の人が不安に満ちた表情で佇んでいる写真ですが、あらためて、ベン・シャーンのものを見る目、人を見る目が感じられると思います。自分ではどうしようもない悲しみに打ちひしがれている人の姿が余すところなく写されていると思います。

朝鮮戦争の前線だと思いますが、若いアメリカ兵が、戦友の胸に顔をうずめて泣いていて、隣の兵隊は黙って聖書を読んでいます。悲しみと嘆きの極みのような写真です。

こんな風に、この本の中では、いろんな人生の局面が素晴しい写真で表現されています。そこで、この写真集とどこか呼応するような感じのする本をいく

ベン・シャーン
（一八九八－一九六九）
アメリカの画家。リトアニア生まれ。ニューヨークのブルックリンに住み、肉体労働者、失業者など身近に暮らす人々の姿を描いた。

つか選んでみました。

わたしとは誰か

先日、朝日新聞の夕刊（二〇〇八年一〇月三日）の「絵本の記憶」というコーナーで、作家の鈴木光司さんがバージニア・リー・バートンの『せいめいのれきし』という本を紹介していました。その中で「結婚した直後、ぼくは妻の成長を追った写真を見る機会があった。生まれたばかりの頃、歩き始めた頃、小学校入学の頃……。どの写真も現在の彼女の面影を宿していて、眺めているうち、なんともいえない、愛おしさがこみ上げてきた。これまで生きてきた、ほんのわずか一筋の流れが垣間見えただけなのに、なぜか、この人を大切にしたいという気持ちが高まった。」ここのところが素晴しくいいと思いました。

これを読んで、谷川俊太郎さんの『みみをすます』という、なが－いひらがなだけの詩の本を思い出しました。非常に素晴しい詩集です。

あなたは／だれ？／わたしではない／あなた

バージニア・リー・バートン（一九〇九－一九六八）

アメリカの絵本作家。『ちいさなおうち』でコルデコット賞受賞。主な絵本に『いたずらきかんしゃちゅうちゅう』『せいめいのれきし』など。

『せいめいのれきし—地球上にせいめいがうまれたときからいままでのおはなし』

バージニア・リー・バートン文・絵

あのひとでもない／あなた／もうひとりのひと
わたしとおなじような／みみをもち
わたしとはちがうおとを／きくひと／……あなた

それからもうひとつ、詩が谷川俊太郎さんで、絵は長新太さんの『わたし』。これはもともとは、小さい子どものためにつくられた本だと思いますが、大人が充分楽しめる、「ザ・ファミリー・オブ・マン」だと思います。

わたし　おとこのこからみるとおんなのこ　あかちゃんからみるとおねえちゃん　おにいちゃんからみるといもうと　おかあさんからみるとむすめのみちこ　おとうさんからみてもむすめのみちこ

すごく楽しいのは、ここのうちでは、お母さんが新聞読んでいて、お父さんがごはんつくっているんですね（笑）。これは本当に素晴しい本。日本の絵本の中で最も好きな絵本のひとつかもしれません。

『わたし』
谷川俊太郎文、長新太絵

あと『ザ・ファミリー・オブ・マン』で紹介したいのは『アラバマ物語』です。『ザ・ファミリー・オブ・マン』の一七二ページに、アメリカの有名な最高裁判所の判事だった人の写真とともに「司法の座によい人を座らせなさい。ただし善について完璧を求めるあまり、人間の弱さを忘れてしまうような人であってはなりません」というキャプションが書いてあります。これは素晴しい言葉だと思います。『アラバマ物語』はアメリカの南部の話ですが、どんなに田舎の小さな事件であっても、法律に関わる人間の良心を余すところなく描いていると思います。読むのが難しい人は、グレゴリー・ペックが主役の素晴しくいい映画がありますので、おすすめいたします。これはまったく余談ですけれど、グレゴリー・ペックは『ローマの休日』の王女様が恋をする例の新聞記者として有名ですけれど、彼は亡くなるときに、「私を思い出すときには、『アラバマ物語』に主演した役者だったということで思い出してください」という言葉を残しました。これはまた素敵な話だと思いました。

『アラバマ物語』

一九六〇年に発表され、ピューリッツァー賞を受賞したハーパー・リーの自伝的小説。一九六二年にロバート・マリガン監督により映画化された。

死と向き合う

マーガレット・ワイズ・ブラウンの『ちいさなとりよ』は、さりげなく生命を見事に描いた本当に愛らしい絵本です。子どもたちが死んだことりを見つけてきて、それをどうしようかと話し合い、小鳥のお墓をつくって、丁寧に葬ってあげるというお話です。最後、「しんだとりここにねむる」と札に書いてあるんですけれど、その後、こうなるのです。「こどもたちは　とりの　ことを　わすれてしまうまで　まいにち　もりへ　いって　きれいな　はなを　かざり　うたを　うたいました」　この「こどもたちは　とりの　ことを　わすれてしまうまで」というところが私はすごいと思います。

先ほどの『せいめいのれきし』が紹介されたのと同じ二〇〇八年一〇月三日の朝日新聞の夕刊で、お坊さまでいらっしゃる有国智光さんという方が、一五歳で亡くなった息子さんのことを語っておられます。それが素晴しい記事でした。その方が「小さい悲しみはやがて消えていく。深い悲しみは私を育てる。大きな悲しみは慈しみにつながる」と言っているのですね。ご自分の息子さんが一五歳で亡くなるときに、この方は死の瞬間に立ち会っていなかったらしい

『ちいさなとりよ』

M・W・ブラウン文、R・シャーリップ絵

有国智光（一九五七-）

浄土真宗本願寺派長久寺住職。東京大学大学院人文科学研究科では、印度哲学専攻。塾や予備校などで勤務後、現職。

のですけれども、少年はお母さんに、「ありがとう。みんなにもありがとうって言ってね」と告げたそうです。「そして僕はもう往きます」と言って亡くなったそうです。その子は本当に素晴しい大きな命に還っていった、と有国さんは言っています。

私がとてもいいなと思ったのは、「代わってあげたいという発想とは違いますね」と記者が聞いているのですが、有国さんは「彼のつらさは彼にしかわからない」という。「だから息子のつらさに寄り添うのではなく、私自身に投げ込まれている私自身のつらさに寄り添うしかない。」要するに、たとえば息子が癌になって、本人自身も本当に苦しんでいるだろうと思うけれども、いくら親でもそれは当然代わることはできない。代われるものなら代わってやりたいと、よく聞きますけれども、なにか私はあんまりしっくりしない言葉じゃないかなって思ってきたのですが、この方がそのことを見事に言っているんです。「子を失う父であることを楽しもう。子に先立たれる父としてのうのうと生きていこう。そう覚悟しました。」それ以上のことは望むべくもないという、すごいことが書いてありました。それは本当に「ザ・ファミリー・オブ・マン」だなと思います。親であっても、子であっても、それぞれの人生を精一杯生きるということ、それが実に重要なことだと思います。今ちょっと絵本でそのことが伝えられていない。なにかの機会に悲しいのは自分だけじゃないということを充分に知っていく、そういうことが種まきとしてあるんじゃないかと思います。人を愛するとか、平和を求めるということは想像力がなければできないことじゃないかと思います。そういう意味で、『ザ・ファミリー・オブ・マン』というのは、人間に対する愛情というか、思いやりを余すところなく伝えてくれる本ではないかと思います。

これは、わりと最近出た本で、谷川俊太郎さんが訳されている『悲しい本』。息子に死なれたお父さんが本当にむちゃくちゃに悲しんでいる。息子が小さかったときのことを、あれこれ思い出したりだとか、ほかの人が楽しそうにしているのが癪にさわったりだとか、いろいろそういうことがあって、最後にやっと、「ろうそくがなくてはね」とろうそくを灯して、少し穏やかになるという本です。ろうそくというのは「祈り」を意味していると思います。これはとても重要なプロセスではないでしょうか。こういう場面に出会うと、ショパンの葬送行進曲を思います。あの曲で描かれている人間は、最初は死を受け入れられなくて、ものすごく強い調子で抵抗し、わめき泣き叫びます。でもだんだん

『悲しい本』
マイケル・ローゼン作、クェンティン・ブレイク絵

それを受け入れていって何度もゆり返しながら、やがて静かな悲しみの祈りの気持ちになっていく。音楽でも本でも、同じようなことを表現しているのかなと思いました。

戦争をめぐって

『ザ・ファミリー・オブ・マン』には戦争の写真もたくさんあります。『そして、一輪の花のほかは…』という一九三九年、第二次大戦が始まろうとしていた頃に出た本があります。この本は、「第二次世界大戦は、だれもが知るように」という言葉で始まるフィクションですが、世界の文明を破壊した戦争を、本当に余すところなく、皮肉に悲観的に描いています。それだけに、本のつくりのやさしさに反して恐ろしい本です。

何年か前に封切られた映画『白バラは散らず』の原作を紹介します。ナチスが台頭してきたときに、ミュンヘンの学生たちが、それに反対するビラを学内で配ったのですが、ビラを配ったということだけのために、四人の学生と先

『そして、一輪の花のほかは…』
ジェイムズ・サーバー作

生が捕らえられ、即刻斬首、ギロチンで殺されたという実際の話がありました。そのうちのひとり、ソフィという人は取り調べの将校と最後まで議論して一歩も譲らず、四人は堂々として死を受け入れたのです。そういう若者たちがいたということは素晴しい人間の財産じゃないかと思います。たぶん、アンネと近い時代だと思います。

もうひとつご紹介したいのは、私が関わっているIBBYの創立者のイェラ・レップマンという人が書いた『子どもの本は世界の架け橋』という本です。レップマンは、大戦中にドイツからロンドンに逃げてきたユダヤ人です。ものすごくおっかない顔したおばさんですけれど、すごく優秀な人で、新聞記者でした。戦争が終わったときに連合軍から頼まれて、ドイツの女性と子どもたちのためになにかしてくれと言われてドイツに帰ります。そこで目にしたのは、食べるもの、着るものは連合軍が手配しているのですが、子どもたちに精神の糧である本がない、ということでした。私も知らなかったのですが、ナチスは人間を殺しただけでなくて、本も焚書坑儒のように殺したのですね。そこでレップマンは、世界中に「ドイツの子どもたちに本を贈ってください」という手紙を書いて、すごくたくさんの本が世界中から集まりました。ところが、ベルギーか

イエラ・レップマン
(一八九一 - 一九七〇)
IBBYの創立者。ドイツに生まれ、ヒトラーの台頭によりロンドンに亡命。一九四五年、ドイツ進駐米軍に雇われて帰国。子どもと本のための活動に貢献した。

らは「私たちはドイツのために何回もひどい目にあってきました。ドイツなんかのために、なにもする気持ちにはなりません」という断りの手紙がきたそうです。その後がレップマンの素晴しいところで、「わかりました。ですが、そうであればそうであるだけ、もう二度とそのようなことが起こらないためにも、ドイツの子どもたちに本を贈ってください」という手紙をベルギーに再度送ったのだそうです。そうしたら、ベルギーから、本当に美しい宝物のような本がたくさん届いたということです。私はその話をいたるところでするのですけれども、中国で話したところ、中国の人たちもいたく気に入ってくれて、その話を聞きたいと何回も言っていました。『ザ・ファミリー・オブ・マン』の最後の写真の「おまえたちの足もとに素晴しい世界が生まれていくんだよ」という言葉は、このような未来への希望を語っているのだと思います。

歴史に向き合う

『ザ・ファミリー・オブ・マン』の中に、小さな写真ですが、猫を従えた小さな子が大木のそばでなにかを見ている写真があります。昔からすごく好きだった写真で、リー・ミラーという写真家の作品だと気がついたのはつい最近です。彼女はもともとは大金持ちのお嬢さんで、ファッションモデル、そしてマン・レイの恋人だったこともある人です。やがて第二次大戦のときに従軍記者になり、そのときにもすごい写真を数多く写している人です。第二次大戦の終わりに、ヒットラーの別荘が焼け落ちる写真も写しています。あろうことか、ヒットラーが入ったお風呂に入っている写真もあるのです。そういう豪快な人物でした。彼女自身も本当に美しい人ですが、こういうかわいい子どもの写真も写していたということで、ほっとするように感じました。

彼女の写真には、ドイツのダッハウが解放されたときの恐ろしい写真など、うっと目をそむけたいと思うようなものもあります。私が初めてヨーロッパに行った一九六六年に、フランクフルトからスイスに抜けるときでしたか、前触れもなくダッハウの駅に汽車が止まったんです。そうしたら汽車に乗っていた人たちが、話し声はおろか、咳ひとつせずに凍りついたようになってしまった。誰ひとり降りないし、誰ひとり乗ってくるわけでもないんです。ただみんながじーっとしていた。その氷のような瞬間の記憶があります。それで、「一体ここはどこだろう」と思って見まわしたら、プラットホームに「ダッハウ」と書

リー・ミラー
（一九〇七－一九七七）
アメリカの写真家。写真を学ぶためにマン・レイに師事。ファッション写真、アート写真、そして第二次世界大戦時には報道写真を数多く手がけた。

マン・レイ
（一八九〇－一九七六）
アメリカの写真家、画家。ニューヨークでダダ、パリでシュールレアリスムに加わり、実験的な写真、絵画、オブジェを制作した。

ダッハウ
第二次世界大戦中にナチスによって近郊に強制収容所がつくられたドイツの都市。

いてあって、「あ、ダッハウなんだ」と思ったんです。そのとき、列車の中でしーんと静まり返っていたドイツ人たち。自分たちが直接虐殺をしたわけではないのですが、戦後ドイツ人はどういう風に生きてきたのか、たいへんだったろうなあという、あの駅の思い出が今も私の中にあります。日本人はどちらかというと被害者意識で生きていますけれども。

ドイツの大統領だったヴァイツゼッカーという人の『荒れ野の四〇年』という岩波のブックレットがあります。終戦四〇年を記念してドイツ議会でした演説です。旧約聖書でモーゼが人びとを連れてさまよった四〇年にかけていると思いますが、自分たちが戦後四〇年どのようにして生きてきたか、若い人たちはそれになにも関係ないのだけれど、やはり負の遺産として、自分たちの親から、あるいは自分の先祖たちから、たいへんであっても、ドイツ人としての責任を受け継いでいるのだと述べた素晴しい演説です。世界ではこういう指導者というのがありえるのだと思った記憶があります。

エーディト・シュタインというドイツ人で、ユダヤ人の伝記もご紹介します。彼女はたいへん優秀な哲学者で、フッサールの弟子だった。その人がカトリックに改宗して、しかも修道女になったのです。でも修道女であっても、ユダヤ

リヒャルト・カール・フォン・ヴァイツゼッカー
（一九二〇-）

ドイツの政治家。キリスト教民主同盟（ＣＤＵ）所属。西ベルリン市長、第六代連邦大統領を歴任。

エーディト・シュタイン
（一八九一-一九四二）

ドイツの哲学者。ナチスの迫害を逃れてオランダに亡命するが、捕えられてアウシュヴィッツ強制収容所のガス室で死亡。

人の彼女がドイツにいては危険だからと、修道院が彼女をオランダの修道院に移すようにしたのだそうです。結局、オランダの修道院から連れ出されて、アウシュビッツで亡くなりました。そういう人もいました。ヨハネ・パウロ二世のときにカトリックの聖人になっています。彼女の伝記も出ています。

『ザ・ファミリー・オブ・マン』は、労働についてもたくさんのページを費やしています。カナダ人の私の友だちの出版社が出版した *Ghost Train* という絵本は、カナダの鉄道の敷設に関わった中国人の労働者の厳しい労働の話です。これは絵も素晴しいし、本当にすごい絵本だと思います。

『九月のバラ』という本は、ニューヨークの九・一一のときに、たまたまたくさんの薔薇をニューヨークに運んできた人のお話です。アフリカの人なんですね。薔薇の花を納品しに来たのがちょうど九・一一だったので、薔薇の花を全部その現場に置いたという、あの悲劇の中でほっとするエピソードを描いた素敵な絵本です。

大きくなった子どもたちへ

『ザ・ファミリー・オブ・マン』の編者であるエリオット・アーウィットは、

Ghost Train
Paul Yee

『九月のバラ』
ジャネット・ウィンター文・絵

この本の中にもたくさん写真が載っています。私が好きな、お腹の大きな女の人が横になっていて子猫がいる写真を撮った人です。そういう、かわいらしい、クスって笑うようなおかしい写真を撮る人です。彼の写真で、私がすごくおかしいと思う写真は、スペインのゴヤの「裸のマハ」と「着衣のマハ」。男の人たちはみんな裸のマハを見ていて、着衣のマハを見ているのはひとりの女の人だけ（笑）。やらせじゃないかと思うほどおかしい。この写真で思い出すのは私が大学生のときのことです。ちょうど学生が出入りするところを上から見ていて、「あ！　経済学部のマドンナだ」とだれかが言ったのですね。そうしたら別の学生が、「えっ、あの人じゃないよ」って、みんながそれぞれ違う人を経済学部のマドンナだと思っていたのです（笑）。「もう、まったく」という感じですが。「えーっ」と笑った記憶があります。

実は私は、急に先月九月に、コペンハーゲンであったＩＢＢＹの世界大会に行ってきました。最後の最後まで、行くか行かないか迷っていたのですが、主人にはショートステイというお泊りをしてもらって、行ったんです。やはりデンマークというのはアンデルセンの国ですから、特別な感じもありましたし、有名な人魚姫の像が海にあったりして、それはとても素敵なところでした。

エリオット・アーウィット（一九二八-）

フランス生まれの写真家。ウィットとユーモアに富んだ人間味あふれる写真で知られる。主な写真集に『我々は犬である』『美術館に行こうよ！』など。

ちょっと考えさせられたのは、消費税が二五パーセントなんです。それってものすごいことですよね。でもデンマークの人は、個々の政治家を信用しているわけではないかもしれないけれど、デンマークの政治のシステムを信頼しているようだということを、そこで一緒になった朝日新聞のヨーロッパ総局長が言っていました。それってやはりすごいことだな、と思いました。物価は高いです、本当に。だけど、それをその人たちが生きていく術として、それを選択したのだということに、ヨーロッパ人の冷徹なというか、ものすごい理性というようなものを感じました。コペンハーゲンの旅行でなにが一番印象深いかといわれれば、それは二五パーセントの消費税。一番忘れられないかもしれないくらい。そんなことを思いました。

今回のIBBY世界大会のテーマは「ヒストリー・イン・ストーリー、ストーリー・イン・ヒストリー」、要するに「歴史における物語——物語における歴史」というテーマでした。基調講演のセミナーはみんなすごく面白かったですけれど、一番最初の基調講演がスペインの哲学者でした。彼が言った中で、にやっと思ったのは、「哲学者というのは大きくなった子どもである」という言葉でした。それは有名な言葉なのだそうです。私の連れあいが哲学者で、信じがたいようなことを質問してくるのですね。「それってなんだろう?　本気でたずねているんだろうか」と常日頃思っていたのですが、「哲学者は大きくなった子どもである」という言葉を聞いたときに、合点がいきました。

一〇年ほど前、主人が今にも死にそうな病気、再生不良性貧血で入院していたことがありました。自分の体でつくっている血液はないと言われたほどの状態でした。若いお医者さんが泊り込みで目を真っ赤にして必死で看てくださっているときに、主人がその若いお医者さんをつかまえて、「先生、病気ってなんですかね?」と聞いたときには、私、もう蹴飛ばしてやろうかと思ったくらいです（笑）。子どもって「あれなに?」「これなに?」と次から次へと聞くじゃないですか。哲学者ってそうなんだ!　と思って。本当にその言葉は大切に貰って帰ってきたんです、ひとりでほくそ笑んで。そして「哲学者は大きな子どもであるって言っていたわよ」とデンマークから帰って主人に言ったら、「あ、それ有名な言葉なんだよ」と言われました。でも考えてみれば、私たちは、「これはなんだろう」と考えないで過ごしているのかもしれませんから、それは必要なことなのかも知れません。

その哲学者である主人に、今も三日間、渋谷区のショートステイに、いわばお泊りにいってもらっているのですが、出かける前の日に、「あらためて聞くけれど、どうして僕は明日から泊まりにいくのかね？」と言われまして、これは余計なことを言っても仕様がないと思って、「私は、今、代官山のこのセミナーの準備もあるし、病人もいるし、すごく忙しい」と言ったのです。実は私の長男がスポーツのときの事故で脊髄損傷になっているのですが、コペンハーゲンから私が帰ってきたときに、褥瘡がひどくなっていて、すごくたいへんになっていました。今はだいぶんよくなっていますけれども、それで、私自身が少し休む必要があるし、まとまってなにか考えたり準備したりする時間が欲しいので、たまにお泊りにいっていただきたい、と主人に言ったのです。ちゃんと説明すれば、納得はするんですね。でもすぐ忘れて、「あらためて聞くけれど」とまた言い出すと思いますけれど。人間にとって「これはどうしてだろう」と聞くのは非常に重要なことだと思いますし、子どもの感性を持ち続けることは、大きくなった大人の人たちにも重要なことだと思います。

写真家になりたかった

実は私は、『ザ・ファミリー・オブ・マン』がうちにあったせいもあるのかと思いますが、写真家になりたいなぁと、夢のまた夢のように思ったことがありました。キャパの『ちょっとピンぼけ』なんかは表紙がすり切れるほど読み返していました。その夢はすぐに挫折しましたが、やはり写真に対しての興味は、いまだになくなっていないと思います。

また、『ザ・ファミリー・オブ・マン』を見ていなければ、絵本にここまで関わることはなかっただろうと思います。自分自身の身に起こるいろいろなことに対しても、こういうものを見ていなければ、やはり生きるのが耐え難い思いがしたのではないか、と思うこともずいぶんあります。本の素晴しさというのは、本はいつまでも残るということだし、人になにかを伝えることができる。そして、勇気を貰うことができる。どんな仕事でもそうですけれども、私の場合には、やはり本の仕事をし続けるということで勇気が湧くような気がしています。

クリスマスの絵本——贈り物《ギフト》について

お気に入りのお話

前置きのようなかたちでご紹介したいのは、私がとても尊敬している若い神父様がしてくださったお話です。

マリア様とヨゼフ様がベツレヘムに行く旅の途中で宿がなく、馬小屋でイエス様を生むというクリスマスのお話がありますね。カトリックではそれを「聖劇」といって、クリスマスの夜に子どもたちが演じることが多いのですが、その神父様がフィリピンの奥地の小さな教会に用事があって行くと、ちょうどクリスマスのミサの前で、子どもたちが聖劇の練習をしていたそうです。その教会ではクリスマスのミサで、お説教の代わりに聖劇をするために、シスターたちが必死になって子どもたちに何回も何回も練習させていました。やがて人がたくさん集まってきて、ミサが始まり、聖劇の本番となりました。宿屋の主人になったのは、小さな五歳くらいの男の子でした。マリア様とヨゼフ様が息も絶え絶え疲れ果てて、「今晩一晩宿に泊めて下さい」と言って、宿屋の主人のところに来るのですが、狭い祭壇の舞台の上なので、同じ男の子のところに何回も何回も来るようになっているのですね。そして何回目かに、「今晩一晩泊めて下さい」と言ってきたら、宿屋の主人役の男の子がたまらなくなって、「そんなにたいへんだったら僕のうちここの隣だから、そこにおいでよ。うちのお母さん、泊めてくれるから」と言ったそうです(笑)。

私はこんなにいいクリスマスの話は聞いたことがないと思いました。私が気に入っているクリスマスの話というのは、そういったエッセンスをもったお話だと言えるかと思います。

自分にできるなにかを

まず最初にご紹介する私がとても気に入っている絵本は、私のところから出した『ちいさな曲芸師バーナビー』です。これは、お父さんと一緒に曲芸をしている――曲芸師というか手品師――男の子の話です。バーバラ・クーニーという非常に有名なアメリカの絵本作家のもので、彼女の中でも最もいい作品ではないかと私は思います。ちなみにこれは古い本なので、印刷するときに、データはおろか印刷用のフィルムもなく、この本を出そうということは土台無理だったのかな、諦めざるを得ないのかな、と印刷会社の人ともども思う瞬間も

『ちいさな曲芸師バーナビー』
バーバラ・クーニー絵・再話

バーバラ・クーニー
八三頁参照

あったほどだいへんでした。でも担当者がものすごく頑張ってくれて、きれいな本になりました。

この男の子はお父さんに死に別れてから、ひとりで曲芸をして、どうにか食べていくわけですが、冬になると寒くて誰も大道芸なんて見てくれません。それで寒いところで困り果てているところを修道士に拾われて、修道院に住むことになります。子どもが修道院に住むというと、なにか不思議な感じがしますけれど、たとえば、『汚れなき悪戯』という映画がありました。原題を『パンとぶどう酒のマルセリーノ』というのですが、孤児の子どもが修道院で育つということは結構あるようです。バーナビーは、クリスマスにむかって修道士たちがいろいろ準備しているのに、自分はなにもできないと思って嘆きます。でも自分にできるのは曲芸だけだと思って、マリアさまの小さな祭壇の前で一生懸命曲芸をするのです。それで、これ以上できない、というまで曲芸をやって、倒れてしまいます。すると祭壇にあった美しいマリア様が、その子を抱き上げ、汗を拭いてくれたという、ずいぶん昔からあるフランスのお話です。この少年のように、どんなにつまらないことのようでも、自分ができることを一生懸命やること、それが一番素晴しいことではないか、と思っています。

映画『汚れなき悪戯』
ホセ・マリア・サンチェス・シルバの小説をラディスラオ・ヴァホダが監督した一九五五年製作のスペイン映画。

これと同じお話をもとにした、トミー・デ・パオラという絵描きさんの『神の道化師』という絵本があります。こちらは、もう年とっていて、落剥というか、尾羽打ち枯らしたおじいさんになった道化師が、最後に修道院にたどり着くという話です。これはこれで本当に美しい本です。

もう亡くなりましたが、エズラ・ジャック・キーツという、『ゆきのひ』とか『ピーターのくちぶえ』などで知られる絵本作家の *The Little Drummer Boy* というドラムをたたく少年の話があります。クリスマスになるとよく聴く「ラパパンパン」という音楽をご存知でしょうか。私はとても好きで、クリスマスの頃によく音楽をかけて聴いています。「新しい王様が生まれるから、みんなプレゼントを持って集まるんだよ」と言われて、貧しい太鼓たたきの少年が、自分はなにもプレゼントするものがないけど、「そうだ、太鼓をたたこう」と思って、マリア様のところに行って「太鼓をたたきましょうか？」と言うのですね。すると彼女がうなずいたので、太鼓をたたいて、牛や羊が拍子をとってくれて、一生懸命太鼓をたたいて、たたいて、たたいて……。そうしたら、マリア様の膝の上の赤ちゃんが自分を見て笑った、というそれだけのお話しなのですけれども、とても素敵なお話、歌だと思います。

トミー・デ・パオラ（一九三四-）

アメリカの絵本作家。伝承的民話をもとに、オリジナルの物語世界を作り出すことに定評がある。主な作品に『魔法のなべ』『ヘルガの持参金』など。

エズラ・ジャック・キーツ

三九頁参照

The Little Drummer Boy

Ezra Jack Keats

その絵本を見せたことがきっかけだったと思いますが、弟の舟越桂がクリスマスに自分の奥さんへのプレゼントにつくった絵本に『リトル・ドラマー・ボーイ』があります。「妻へ」と書いてあります。その頃、彼は売れておりませんでしたから、時間は山のようにあって、いっぱいいろんなものを家族につくってくれましたが、その中のひとつで、ありもののスウェードの赤い革を表紙にした、とても素敵な本でした。それを後に私のところで出版したのですが、なるべくもとの感じそのままを残そうと思って、必死になって本をつくりました。これはお話としては、キーツの *The Little Drummer Boy* と同じです。きれいな本になったと思います。そして歌の歌詞も入っております。

桂がクリスマスプレゼントとして、家族に贈ってくれたものを集めてつくった『おもちゃのいいわけ』という本もあります。彼が自分の娘のためにつくった人形のお家だったり、ロッキングチェアもあったりするのですが、そこについているエッセイが、とてもいいと思うのです。弟だから、少し具合が悪いのですが、心に沁みるよい文章だと思います。先ほどの『リトル・ドラマー・ボーイ』も載っています。木とブリキの自動車は、うちの息子たちももらいました。木の木っ端を適当に切って、それに絵をつけただけのように見える、とても楽

『おもちゃのいいわけ』
舟越桂作

しいものもあります。いくらでも木の残りがあるらしくて、ある年は、家族中というか親戚中が雪のつもった家をもらいました（笑）。

名作の絵本

『賢者のおくりもの』というリスベート・ツヴェルガーというオーストリアの絵描きさんの絵本があります。これは、貧しい夫婦が、クリスマスのプレゼントに、夫は自分の大切にしていた懐中時計を売って、美しい妻の金髪の髪を飾る髪飾りを買い、妻は夫の大切な懐中時計の鎖を買おうと思って、その金髪の長い美しい髪を売ってしまうという、皮肉といえば皮肉なO・ヘンリーの有名なお話です。それをツヴェルガーが本当に美しく描いています。

彼女は不思議な人で、私の中では、エミリー・ディキンスンというアメリカの詩人のような感じがする人です。ノイゲバウアー・プレスというザルツブルグにある出版社から出た本です。いい絵本をたくさんつくっている出版社で、お父さんの代からよく知っているのですが、そこの二代目が私よりも一〇歳くらい若く、一九六六年のフランクフルトのブックフェア以来の知り合いで、お

『賢者のおくりもの』

オー・ヘンリー文、リスベート・ツヴェルガー画

リスベート・ツヴェルガー
（一九五四-）

オーストリアの挿絵画家。アンデルセンやグリム兄弟など古典的な童話の挿絵を多く手がける。主な作品に『不思議の国のアリス』『クリスマス・キャロル』など。

O・ヘンリー
（一八六二-一九一〇）

アメリカの小説家。主な作品に「賢者の贈り物」「最後の一葉」など。

父さんがやっていた出版社を継いでいます。お父さんが非常に優れたカリグラフィーの先生で、彼もカリグラフィーをずっとやっていました。その人たちのすぐそばに住んでいる奥さんに、「うちの娘がどこにも出かけないで、ただ、ただ絵を描いているのだけれど、娘の絵を見てくれませんか」と言われたのだそうです。それで、その絵をちょっと見たら驚いて、すぐに絵本を頼んだのだそうです。その娘さんがツヴェルガーです。

彼女は一番若くアンデルセン賞を受けた画家です。一九五四年生まれですが、一九九〇年にアンデルセン賞を受けたのです。ツヴェルガーは、今、世界中でとても人気のある画家です。今はもう中年ですけれど、初めて会ったときは、本当に若く美しく、そんな人が自分の家にこもって、こういう美しい絵をひとりで黙々と描いていたのか、と思いました。その英語版の『賢者のおくりもの』(英語版 *The Gift of the Magi*) の本文もタイトルも全部の文字を、さっき申し上げた二代目のミヒャエル・ノイゲバウアーが、手書きのカリグラフィーで書いているのです。ですから非常に美しく貴重だと思いますが、日本語にするときにはそのまま使えないので、日本語版の出版をした人はとても残念だっただろうと思います。英語版は一九八二年に出ましたが、ミヒャエルはとても

エミリー・ディキンスン
八七頁参照

国際アンデルセン賞
国際児童文学賞としてもっとも栄誉ある賞のひとつ。IBBYによって隔年で授与。作家賞と画家賞の二部門がある。名称はハンス・クリスチャン・アンデルセンにちなむ。

気に入っていて、「これいいわね」と言ったら、「プレゼントするよ」と言って本文と同じ字体でサインしてくれました。

私が初めて彼に会ったとき、彼は高校生くらいで英語もあまりできませんでした。でもお父さんを手伝って、フランクフルトのブックフェアで「どこどこのスタンドに行って、このメモを渡してきなさい」とか言われて走りまわっていました。お父さんとも親しかったので、今だに、「チエコに会ったときはよろしく、と言っていたよ」といつも言うんですけれど。すごく面白い青年で――もう青年でもないですよね、彼も六〇歳近くになっていると思いますから――ボローニャ・ブックフェアのときにはいつでも、そのときのガールフレンドによってファッションが違うんです（笑）。とても印象に残っている蝶ネクタイのときは、ファッション関係のすごくきれいなガールフレンドがいて、その人の影響で、毎日毎日違う色の蝶ネクタイをしていました。私はそのとき小学生の息子たちを連れてボローニャに行っていたのですが、息子たちをすごくかわいがってくれて、子どもたちも懐いていました。そうしたら息子たちが彼を真似て、「ミヒャエルと同じような蝶ネクタイを買って欲しい」と言いだして、ボローニャ中探しまわって蝶ネクタイを買ったことがあります。それはともかく、これは本当に美しい本です。

ディケンズの『クリスマス・キャロル』は本当に名作だと思いますが、それをいろんな絵描きさんが描いています。私の手もとにあるのは、ロベルト・インノチェンティという、今年（二〇〇八年）のアンデルセン賞の画家賞を受けた方のものです。かなり昔から知っていましたが、彼がアンデルセン賞を受けたので、たいへんうれしく思いました。イタリア人ですが、美術学校にも行かず、ひとりで職工さんをしながらずっと絵を描いている人で、不思議な構図というか、斜めにものを見る感じの絵で、いい絵だと思います。今年コペンハーゲンのＩＢＢＹの大会でアンデルセン賞の授賞式がありました。本当にうれしそうでした。

余談ですが、クリスマスの頃に、車を運転して遠くへ行くようなときに、私は『クリスマス・キャロル』の朗読のＣＤをかけっぱなしにしています。何回聞いても、繰り返し繰り返し聞いてもあきない、クリスマスの頃の楽しみです。スクルージと一緒にドキドキしたり、喜んだりしています。みなさまにもちょっとおすすめです。日本語の朗読はどういう風になっているかわかりませんけれど。

チャールズ・ディケンズ（一八一二‐一八七〇）

イギリスを代表する小説家主な作品に『オリヴァー・ツイスト』『デイヴィット・コパフィールド』『大いなる遺産』『二都物語』など。

『クリスマス・キャロル』

チャールズ・ディケンズ原作、ロベルト・インノチェンティ絵

ロベルト・インノチェンティ（一九四九‐）

イタリアの挿絵画家。主な作品に『シンデレラ』『ピノキオ』、など。

クリスマスの想像力

次にご紹介したいのは、ピーター・コリントンの *A Small Miracle*。日本語版で『聖なる夜に』というタイトルで出ている絵本です。これは本当に素敵なお話です。私のところで同じ作者の『ちいさな天使と兵隊さん』を出しています。これは古い貨物列車に住んでいる貧しいおばあさんのクリスマスのお話ですが、なかなか素敵なんです。言葉は全然ありません。あちこち壊れている貨車の中でひとりで暮らしているおばあさんが、雪の街角でアコーディオンを演奏してお金を貰うために出かけていきます。その途中、クリスマスの準備をしている教会の前を通りかかり、クリスマスの馬小屋の飾り付けをしているところを見ていきます。その日はまったくお金が入らなくて、アコーディオンを質屋に入れてお金に代えるのですが、オートバイでとんできた青年にお金をひったくられてしまいます。がっかりして教会に寄ると、さっきの若者が今度は教会の貧しい人のための献金の入った缶をとって逃げるところでした。おばあさんは必死になってその缶をとり返して、教会の扉を中から閉めて、めちゃくちゃになったクリスマスのお人形を丁寧にまた飾り直しますが、その帰り道、疲れ

ユダヤ人虐殺を題材とした『白バラはどこに』がある。

ピーター・コリントン（一九四八-）

イギリスの絵本画家。主な作品に『天使のクリスマス』『おりこうねこ』など。

『聖なる夜に』

ピーター・コリントン作

てしまって雪の上に倒れてしまいます。すると雪の野原を教会の方からさっきの人形のマリア様やヨゼフ様や三人の王様と羊飼いたちが現れて、そのおばあさんを助けて、列車を改造したおばあさんの家に連れていって休ませます。そして三人の王様は、さっきの質屋さんに行って、それぞれ自分たちの持っている黄金、乳香、没薬を質屋に差し出して、質屋のおじさんはルーペでひとつひとつの宝物を本物かどうか見定めて、アコーディオンを返してくれるのです。そしてみんなしてスーパーマーケットまで行って、クリスマスのためのいろいろなものを整えてきてくれるのです。ヨゼフ様は大工さんですから、おばあさんのおうちの床を張替えたりして（笑）。そして、クリスマスの飾りつけもして、帰っていくのですね。おばあさんが目を覚ますと、家の中がきれいになっていてびっくり仰天します。お料理もちゃんとできていて、いったいどうしたんだろうと思って見まわすと、窓からチラッと、帰っていくクリスマスの聖人のお人形たちの後ろ姿が見えるのです。言葉はないのですが、丁寧に見ていくといろいろなことがわかります。実に楽しい、列車の中に住んでいるおばあさんの話です。

この人の前作『ちいさな天使と兵隊さん』をすえもりブックスから出しまし

たのに、気がついたときにはこの本『聖なる夜』はよその出版社から出ることになっていましたので、ショックでしばらくちょっと眠れないような感じでした（笑）。「どうして私がこの本の出版社じゃなかったんだろう」って。この絵描きさんは『ちいさな天使と兵隊さん』のときは色鉛筆だったのですが、どうやらこれはそうではない。色鉛筆のときはそれほど感じなかったのですが、こういう素材（不透明な水彩かポスターカラーのようですが）で顔を描くのは、得意じゃないのかな、とも思います。それでも非常に愛らしい本です。絵本としてクリスマスと想像力とがこれほどマッチした本はなかなかないのではないかと思うくらいです。

The Polar Express（邦題『急行「北極号」』）は、男の子がベッドで寝ていると、自分の家の前になにかが停まる音がする、見ると列車が停まっている、そして、子どもたちみんなが急行列車に乗り込んで、サンタクロースのところに行くというお話です。その導入部が素晴しいのです。家の前に汽車が停まる音がするところなど、たまりません。作者のオールズバーグという人は、すごく不思議な作家だと思います。才能のある人で、彼は次になにを出すんだというのが、ボローニャでも話題になるような作家です。ただこれだけの仕事をしているの

The Polar Express
『急行「北極号」』
クリス・ヴァン・オールズバーグ作

クリス・ヴァン・オールズバーグ（一九四九‐）
アメリカの絵本作家。『ジュマンジ』『急行「北極号」』でコルデコット賞を受賞。

に、アンデルセン賞を受けていないので、早くもらえるといいなと思っています。

さまざまなTwelve Days of Christmas

クリスマスによく聴く音楽で、これは一種のナンセンスかもしれませんけれども、*Twelve Days of Christmas*という歌があります。これはクリスマスから、三人の博士が贈り物をもってくるまでの十二日間を歌ったものです。それをサブダという人がポップアップの絵本にしたのを見たときは、もうびっくり仰天しました。*The Twelve Days of Christmas*（邦題『クリスマスの一二日』）の一日一日がポップアップで描かれており、開けるとスワンの白い翼や、ねずみのしっぽが動くのです。色も静かな抑えた色でとてもきれいですし、よくこんなことができるな、と思いますが、とても素敵だと思います。この人の本を見るまではポップアップの本というのはあまり好きではなかったのですが、この人の本は実に美しいと思います。

これは日本では大日本絵画が出していますが、そこの編集者に「どうやってつくるの？」と聞いたら、各国語版をコロンビアで作っているそうです。広い

The Twelve Days of Christmas
一六世紀頃からヨーロッパに伝わるクリスマス・ソング。クリスマスの日（一二月二五日）から一月六日の「Epiphany（公現祭）」までの一二日間をいう。

ロバート・サブダ（一九六五-）
アメリカのポップアップ（仕かけ絵本）アーティスト。華麗な発想と卓越した技で、「ポップアップの革命」ともいわれる作品を生み出している。

体育館みたいなところにテーブルがだーっと並んでいて、労働者というか、おばさんたちがいて、流れ作業でやるそうです。全部手仕事だそうで、そうでないとこの本はできないと思います。最初にボローニャのブックフェアでこれを見たときにびっくり仰天して、最後の日に、そのスタンドの親しい編集者に「これ買える?」と聞いたら、「いいから、このままあんたにあげる」と言うので貰ってきました（笑）。そんな一冊ですが、本当にきれいです。その他にも、いくつもいくつも最近出ています。サブダという人は実に素晴しい仕事をしていて、どれも芸術品というか、工芸品だと思います。

非常に古い、一九四九年に出たイロンカ・カーラースという人の*The Twelve Days of Christmas*は、静かな、色のあたたかい感じの本です。作者は一八八六年ハンガリー生まれでアメリカに渡ってきた人で、雑誌『ニューヨーカー』の表紙などを描き、今だにオークションに絵が出る人です。これは文字の並べ方なども素晴しくて、本当に美しい本です。

私の宝物なのですが、ベン・シャーンの*A Partridge in a Pear Tree*もクリスマスの一二日を描いています。これは一九六九年にニューヨーク近代美術館で買ったと思います。「ベン・シャーンがこんなのをつくっているんだ！」と

The 12 Days of Christmas
『クリスマスの一二日』
ロバート・サブダ著

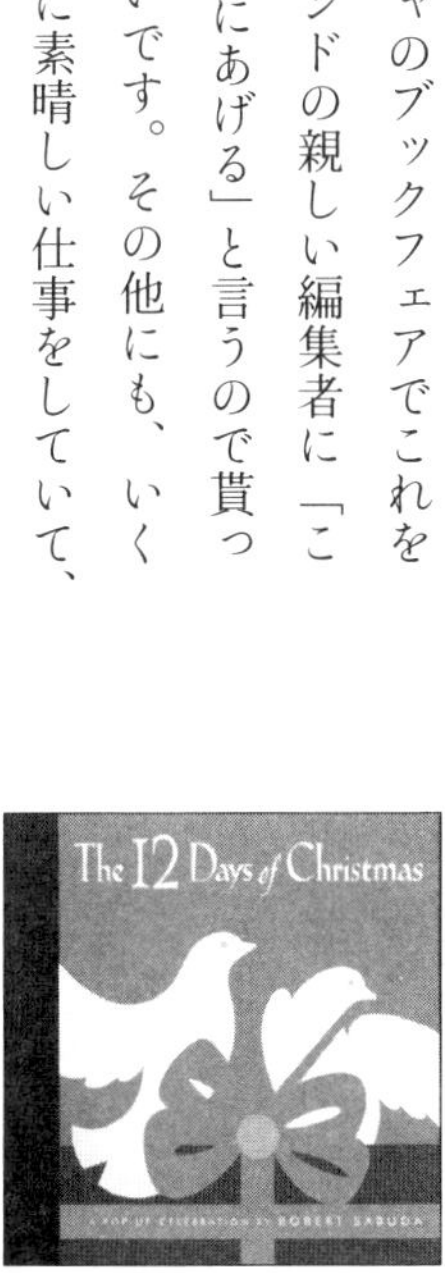

思って買いましたが、非常に大切にしています。墨色一色のすごく美しい本です。絵もさることながら、文字のレイアウトが独特です。

この小さな本は、先ほどのノイゲバウアー・プレスというオーストリアの出版社がつくった *The 12 Days of Christmas* です。これは染物でしょうか、ポテトプリンツと書いてあるので芋版ですね。器用な方はご自分でできるかもしれません。一冊が長く、じゃばらになっていて、表は芋版、裏には楽譜がのっていて、畳紙《たとう》のようなケースに入っています。おしゃれなのは、終わってたたむところにハートが入るんです。

さまざまな表現

ニューヨークのメトロポリタン・ミュージアムが、所蔵している作品を使ってクリスマスの物語を語っている *The Christmas Story* という本もあります。これは文字のデザインが非常に格調高く、美しいんです。絵はフラ・アンジェリコがあったり、ロヒール・ファン・デル・ウェイデンがあったり、ボッシュがあったりします。今手もとにある本はどうやら一九七〇年のクリスマスに私

The Chiristmas Story
Maguerite Northrup (edit)

が母にあげたようなのですが、なんか借りてきて、そのまま返しそびれちゃったのかしら（笑）。

写真の本 *Pia's Journey to the Holy Land* もあります。「ピアの聖地への旅」ということですが、もとは一九六〇年にスウェーデンで出版されたもので、私がもっているのはアメリカ版です。今でこそパレスチナの問題はぐちゃぐちゃらになっていますが、これが出たときは、イスラエルとパレスチナは緊張関係にありながらも、今ほどはひどくなかったと思います。その頃は「パレスチナ」という言葉それ自体が「キリストの聖地」という意味をもっていたと思います。ピアという北欧の女の子が、クリスマスの飾りものを見ているうちに、そこに行ってみたいな、と思います。するとそれが実現するのです。今はあるかどうかわかりませんが、エル・アルというイスラエルの飛行機に乗って、ベツレヘムに行きます。そこでいろいろなところを見て歩いて、昔の銀細工をしている人とか、羊飼いに会ったり、ロバに乗ってみたり、ヨルダン川に行ったり、ガリラヤ湖で魚をとっている人たちの仕事を手伝ってみたり、漁師の船に乗せてもらったり、ベドウィンのおじさんと話して子羊を抱かせてもらったり、砂漠のらくだに乗って、まるで昔から知っている土地を旅するような気分になる——そういう新約聖書を旅する本です。本当にかわいい素敵な本です。かわいいお話というか冒険。とても素敵な本ですが、本屋さんでもあまり見たことがないですね。私がどこかで見て、日本橋の丸善で取り寄せてもらった本だと思います。でも今となってはこのあたりの土地はどうなっているのだろうと思います。

本ではありませんが、『マリア』という映画は、クリスマスにはなかなかおすすめです。もうDVDになっていますが、すごくいい映画でした。本当に淡々とクリスマスの状況を描いています。日本の題名は『マリア』となっていますが、原題は *The Nativity Story* 要するにイエス・キリスト生誕のお話です。登場人物も、ピアの写真集に出てくるような現地の人たちだと思います。本当に素朴な感じで、素敵な人たちがたくさん出ていました。マリアのお母さんになっている人もナザレの生まれだったりとか、すごくいいなと思いました。冒頭でお話した、ベツレヘムで一晩泊まらせて下さいというシーンを映画で見て、それは今でいう難民の群れと同じだったのだ、と思いました。

『ナザレの少年』は、ジー・シー・プレスに勤めていたときに出した本で、すえもりブックスを立ちあげるときに、ジー・シー・プレスから出版の権利を譲っ

映画『マリア』

二〇〇六年製作のアメリカ映画。キャサリン・ハードウィック監督。

『ナザレの少年』

舟越保武画

てもらいました。私の父、舟越保武のデッサンだけでできたクリスマスの本です。

新約聖書に四つの福音書というのがあるのですが、その中でクリスマスのことに触れているのは、マタイという人が書いた福音書とルカという人が書いた福音書だけなのです。重複しているところと、そうでないところがあるのですが、それを読んでいるときに、なんとかしてこの情景を絵本にできないか、マタイのここからルカにいって、そしてマタイに戻ってということができないかしらと思いました。友人で名古屋の南山大学の聖書学者の神父さんに相談したところ、「聖書は文学書なんだから、そういうふうにしたっていいし、あっちにも出ているこっちにも出ているというのを年代順に並べてみるという工夫は、昔からあることだから、やってみたらどうか」と言われました。それで、マタイとルカのクリスマスのくだりを書き出してみました。マリア様がお告げを受けるところから、羊飼いが現れたり、エジプトに逃げたりですね、幼子イエスの代わりに、そのあたりに住んでいる二歳以下の男の子どもが全部殺されたりとか。そういうことがあって、突然、イエスが少年になるページが出てくるのですね。イエスが少年になるところまでで絵本は終わります。後はイエスが大人になった場面に突然とんで、三〇歳になってしまいます。わかりにくいところは自分なりに書き直しましたけれど、足したり削ったりは一切せずに、一冊の本になりました。

これをボローニャのブックフェアに持っていったときに、ヨーロッパの出版社の人が「これどうやって？」と聞くので、マタイとルカをこうやってこうやって、こうやってこうやっていくと、最後に一二歳になり、その次はもう三〇歳になるのよ、と言ったら、「えっ！」と驚いて（笑）。本をつくるときは本当に面白かったです。父にはずいぶん前からこういうことを描いてくれ、と頼んでいました。キリスト教をテーマとした彫刻「長崎の二六殉教者記念像」などをつくっている人だったので、一冊くらいそういう本をつくってもばちは当たらないだろうとか、天国に入れてもらうときの手土産にでもと、ほとんど脅迫のような感じで頼み込みました（笑）。でも、親子で仕事をするのは金輪際嫌だというくらい、お互いすごく気を使って緊張関係がありました。催促していいのかなぁと思いながら、タイミングを待って、永遠に待って……。ところが描き出したらあっという間でした。子どもたちの父親が亡くなって、三回忌のミサのときに、父は手ぶらで来られないと思ったのでしょう。一枚下描きのデッサンを描いてくれて、「こんなんでいいかな」と。それで私は「これでいい、

「長崎二六殉教者記念像」

舟越保武の代表作。豊臣秀吉の命令によって長崎で処刑された二六人のキリシタン信徒を題材にしたレリーフ状彫刻。高村光太郎賞を受賞。

これがいい」と。そしたら初めの一枚から一週間でできたんです。それで父に、「一週間でできたじゃない」と言ったら、「馬鹿言え、五〇年と一週間だ」って(笑)。それはちょっと冗談めかしてますけれども、でも、仕事ってやっぱり「五〇年と一週間」だと思いますから、あれは名言だったなと今でも思います。

『クリスマスのものがたり』は、フェリックス・ホフマンという有名な絵本作家のクリスマスの絵本です。これもすばらしくいい本だと思います。これは、福音館書店の松居直さんが直接ホフマンと共同作業でつくり、一九七五年に出した本だと思います。

これは *Es Begab sich zu der Zeit*「その頃皇帝アウグストゥスから」とでも訳しますか。ドイツ語でなんと読むかわからないのですけれども、大きな本で二八×二九センチです。素晴しく美しい本です。作者のヘンリエット・ウィルビーク・ル・メールは、一八九九年にオランダのロッテルダムで生まれた絵描きさんですけれども、本当にかわいらしいきれいな静かな絵です。フランスのブーテ・ド・モンベルという画家を敬愛し、母の詩に絵をつけた本を出版したのは一五歳のときという才能のもち主で、イギリスの音楽出版社で数々の楽譜にかわいらしい絵をつけて出版したことで知られています。ケイト・グリーナ

フェリックス・ホフマン(一九一一-一九七五)

スイスの絵本作家。主な絵本に『おおかみと七ひきの子やぎ』、『赤ずきん』など。

Es begab sich zu der Zeit

Henriette Willebeek Le Mair

ウェイの再来と親しまれました。でも、この本はそれらと異なり、かなり珍しい、アールヌーヴォーの素晴しい作品だと思います。天使が美しく空を舞っていて、羊飼いたちが見とれている場面など素晴しいです。私が持っているのはドイツ語版で一九八四年のものですが、彼女が亡くなったのは一九六六年ですから、その前にどこで出たのかわかりません。

絵本ではありませんが、アガサ・クリスティがクリスマスの頃に毎年のように本を出していたらしく、私は『ベツレヘムの星』という本を持っています。いかにもミステリー作家らしい工夫があって、本当に楽しい本です。私はこれをヒルサイドライブラリーのために選んだ一〇冊の一冊に入れております。アガサ・クリスティですから日本では早川書房が出していますが、英語のもとの本にはきれいな挿絵が入っています。

Din Dan Don It's Christmas は、カラフルな、実に力強く美しい本です。ステンド・グラスを思わせるような、クラシックな色彩で。作者のジャニナ・ドマンスカがどういう人なのかはあまり知りませんが、ポーランドで生まれ、ポーランドとイタリアで絵の勉強をして一九五二年にアメリカに移り住んだようです。この絵本はポーランドの農村を思わせるものかもしれません。いろいろな

ケイト・グリーナウェイ（一八四六-一九〇一）

イギリスの絵本作家、画家。その名を冠したケイト・グリーナウェイ賞は、一年間にイギリスで出版された絵本のうち特に優れた作品の画家に対して贈られる賞。

アガサ・クリスティ（一八九〇-一九七六）

イギリスの推理小説家。「ミステリーの女王」といわれる。主な作品に『アクロイド殺人事件』『そして誰もいなくなった』など。

ヒルサイドライブラリー

東京・代官山のヒルサイドテラスにある会員制私設図書室。一〇〇人の「目利き」が一〇冊ずつ選んだ本が収蔵されている。

絵本を描いています。

カナダのノバスコシアのモード・ルイスという女の人の描いた小さな*Christmas with the Rural Mail*という絵本があります。これは前にお話ししたタシャ・チューダーの家を訪ねた帰りに寄ったアメリカの古戦場ディアフィールドの土産物店で見つけたものです。彼女が手描きで描いたクリスマスカードを集めていた人が、絵本にしたようです。これは実に素朴ないい絵です。この人は本当に貧しい育ちで、小さいときに両親に死に別れ、おばさんに育てられて、魚の行商をしている貧しい人と結婚して、それでもとても幸せだった。一生涯、そのノバスコシアの小さな町に住み続けたらしいのですが、どんなに小さな家だったかというと、一〇×一二フィート、それ一間だけだと書いてあります。一二フィートというと四メートルですよね。だから本当に小さな家だった。だけれども幸せでした、と書いてあります。彼女がこういう絵を描いているというのを知って、いろんな人が訪ねてきては、買っていったようです。最初は夫が魚と一緒に持って歩いてくれたようです。でも、一枚二ドルだった。今は、美術館ではありませんが、彼女の家に絵を集めて見学できるようです。いつか行ってみたいと思っています。

Christmas with the Rural Mail

Lance Woolaver (poem),
Maud Lewis (illust),

もうひとつご紹介したいのは、本ではありませんがハリー・ベラフォンテの昔の歌で「スカーレット・リボン」という歌です。ご存知の方はいらっしゃいますでしょうか？　クリスマスの夜に、娘のためにクリスマスプレゼントを用意したのに、娘の部屋をのぞいてみると、娘が「私には赤いリボンを下さい」とお祈りしているのをお父さんが聞いてしまうんです。それで夜になって、町中探し回ったけれども、女の子が髪につける赤いリボンがどうしても見つからなかった。さんざん探し回ったけれども、やっぱりだめだった。ところが、朝になるとその子の枕もとには、赤い美しいリボンが置いてあった。その赤いリボンがいったいどこからきたのかわからないけれども、私はこの赤いリボンのことは一生忘れない、というハリー・ベラフォンテのすごく素敵な歌があるのです。絵本にはなっていないので、誰か絵本にしたらいいのに。私も絵本にしたいと思っている歌です。

クリスマスの思い出

A Christmas Story。これは非常に珍しい本だと思いますが、俳優のリチャー

ハリー・ベラフォンテ（一九二七-）

アメリカのジャマイカ系黒人歌手。『バナナ・ボート』『ダニー・ボーイ』などのヒット曲で知られる。

A Christmas Story

Richard Burton

ド・バートン——若い人は知らないかと思いますが素晴しい俳優さんでした——が、自分の少年時代を書いた本です。ウェールズの炭鉱町で育った彼は一三人兄弟の末っ子でした。小さいときにお母さんが亡くなり、一番上のお姉さんはまるで連れ子のようにリチャード・バートンを連れてお嫁にいきました。お母さんが亡くなったのがクリスマスの日でした。「子どもは外に出ていなさい」と言われ、外で遊んでいて、入っていいと言われたときには、お母さんはもう死んでいました。それがもう白昼夢のようになっていて、お姉さんが結婚して一緒に隣村にいってからの、あるクリスマスの日に、親戚のおばさんがリチャード・バートンに、「外で遊んでいなさい」と言うので、また姉さんが死ぬのだと思ってしまいます。でもそうではなくて、お姉さんに赤ちゃんが生まれたのだった、というお話です。

この本は私のところで日本語版を出すことになっているのですが、ウェールズの炭鉱町の風景の写真は版権の問題で出版社からもらえないということでした。それで困り果ててどうしたらいいかと思っていましたら、京都大学の学術出版会というところがウェールズなどの炭鉱の絵葉書を集めた論文（『イギリス炭鉱写真絵はがき』）を出版していることを、最近、書評で知り、取り寄せた

リチャード・バートン
（一九二五 - 一九八四）
イギリスの俳優。一六歳で学校をやめなければならなくなるが、教師の尽力でオックスフォード大学で学ぶ。一九四三年俳優デビュー。映画、舞台両方で活躍した。

のですが、そこにたくさん炭鉱の写真（もちろん白黒ですが）が載っていました。驚いたことに、炭鉱では女の人も働いていたし、馬も働いていました。馬が炭鉱の坑道の中でどうやって働くのかと思うのですが、一種のエレベータに馬を乗せて、騒がないように目隠しして坑道に下ろす写真などが出ていて、実に不思議でした。炭鉱で働いている人たちの絵葉書は、ずいぶん出回ったらしいです。そこで働いている人たちは、貧しいけれども、本当に誇り高く働いていた人たちです。そういう写真を使って本にできるかなと思ってはいるのですが。

みなさんご存知の『さむがりやのサンタ』が出たときはあっと驚きましたし、たいへん好きでした。レイモンド・ブリッグズという人はいい仕事をたくさんしていますが、お父さんとお母さんにこの本の献辞がされています。最近彼は、お父さんとお母さんの伝記を絵本にしていますので、両親に対する思いがたいへんなものだったと思います。

うちの息子たちはこの本が大好きで、まだ日本語に訳されていないときでしたので、毎日毎日これを読んでくれ、と私に言ったり、父親に言ったりで、そのときそのとき、いい加減に訳しながら、全然わからないところははしょったりして（笑）、読みました。子どもたちはものすごく楽しみましたね。その頃、

『さむがりやのサンタ』
レイモンド・ブリッグズ作

レイモンド・ブリッグズ（一九三四-）
イギリスの絵本作家。主な作品に『マザーグースの宝物』『スノーマン』など。

子どもたちは、この絵本と同じように、「サンタさんのために飲みものを用意する」と言って、子ども用の小さな椅子の上に「サンタさん、どうぞお好きなだけ飲んで下さい」と自分たちでメモを書いて、お酒とグラスを置いていました。「ちょっとママ、なにかお酒貸してちょうだい」と言って。子どもたちの父親は本当に細やかな人で、「少しお酒を飲んだ跡があった方がいいよね」と、夜中にちょっと自分が飲んで、グラスに飲み残しが残っているというような(笑)。そんなことがありました。ちなみに、この本で見ると、バッキンガム宮殿にもサンタさんが来るらしいですよ。

そして、もうひとつ、「武彦のクリスマス」のことをお話しします。武彦というのは、私の話にもちょくちょく出てくる、脊髄損傷になっている息子です。彼が病院から退院してきて初めてのクリスマス、家族や親戚がみんな集まったときに、彼は本当にたくさんのクリスマスプレゼントを用意しました。全部インターネットで注文して、私にももちろんそうですが、彼の弟とか、私の母とか、親戚の女の子とか、小さな子どもたちにまでひとりひとり、かわいらしいぬいぐるみとか、どうしてこんなものを若い男の子が気がつくんだろう、と思うくらい、いろいろなものをクリスマスプレゼントに用意していました。このことはこの前、『心のともしび』というパンフレットとラジオの放送のために書いたのですが、それは、彼が、みんなに世話になったとか、心配かけたという思いもあったでしょうけれど、それよりも多分、みんなの喜ぶ顔が見たかった、彼がどれほど切実にみんなの喜ぶ顔が見たかったのか、ということだったと、最近気がつきました。そのことをちょっとご紹介したいと思いました。なお、『クリスマスの光』というドン・ボスコという出版社から出ている小さなパンフレットには、私が書いたクリスマスのエッセイがいくつか載っています。

私の「スモールミラクル」

最後に、おたずねがありましたので、私がカトリックになったいきさつについてお話しさせて下さい。私は小学校三年生のときに、両親と一緒に盛岡で洗礼を受けました。私は東京で生まれましたが、戦争で盛岡に疎開していました。終戦のときまで、私たちは三人姉妹で、その次に男の子が生まれたのですが、その初めて生まれた男の子が八ヵ月のときに急性肺炎で亡くなりました。子どもも心に、人は一瞬の分かれ道で死んでしまうのだということを思いました。で

『心のともしび』……宗教法人カトリック善き牧者の会によるカトリック系布教番組。ラジオ版、テレビ版ともに半世紀ほどの歴史がある。

も本当にきれいな赤ちゃんだったのです。今思うとどんなに小さなお棺だったのかと思いますが、花に埋もれた小さな赤ちゃんというのが、今まで見たあらゆるものの中で一番美しいものだったという思いがずっとありました。戦後のもののない時代だったということもあったと思います。その子の写真など一枚もありませんが、父も、あまりに美しかったので残しておきたかったのでしょう、パステルでその姿を描いたものがあって、実家の屋根裏の奥の方に今でも大切にしまってあると思います。父の姉である伯母の一家がカトリックだったので、その影響が大きかったのでしょう、弟が亡くなったときに教会でお葬式をして欲しいと父と母が言ったのです。赤ん坊が亡くなったのは、父が、岩手の花巻に引っ込んでいらっしゃる高村光太郎さんを訪ねていっている最中だったと思います。その頃ですから、電話もありませんし、誰かが連絡にいったと思います。弟の死をめぐる一連のできごとは私の中でやはり大きな意味をもっているのだと思います。

その次の年のクリスマスに家族みんなで洗礼を受けました。父はすでに東京に出て来て、若い人たちと一緒に働きに出ていました。四谷に聖イグナチオ教会という教会がありますが、今は新しくなってしまいましたが、以前は塔があっ

高村光太郎（一八八三 - 一九五六）

彫刻家。詩人。主な詩集に『道程』『智恵子抄』。著者の名付け親でもある。

聖イグナチオ教会

一九四九年創立のカトリック教会の聖堂。

て、素朴な教会でした。そこは実は戦後建てられたときはモルタル造りだったらしく、父やその仲間は日雇いでしょうか、そのモルタルづくりを手伝って、お金を貰っていたようです。私も最近知りました。そういうことをしながら、父は戦争が終わったので、もう一度、彫刻家としてやりだそうとして、東京に出ていき、私たちは盛岡に残っていました。そして父が東京から盛岡に帰ってきて、家族みんなで洗礼を受けたのです。父が東京でピンク色の毛糸を山のように買って送ってくれて、母が編み物の好きな人でしたので、せっせと女の子三人分のセーターを編んでくれました。ピンクのセーターに、真っ赤なビロードの、ちょっとひだの入ったような吊りスカートを母が必死につくってくれました。それを三人お揃いで着て、クリスマスのミサの洗礼式に出たのです。

カトリックでは洗礼を受けるときに、霊名といってクリスチャンネームを必ずつけられます。ちょうどその頃、洗礼を受ける前に封切られた『聖処女』という映画を観にいきました。フランスのルールドというところでマリア様がベルナデッタという少女に現れたということがあり、そのベルナデッタの生涯を描いた映画でした。それを見て、私はものすごく気に入って「ベルナデッタがいい」と言って、ベルナデッタというクリスチャンネームになったのです。た

映画『聖処女』
フランツ・ウェルフェルの小説を映画化した一九四三年製作のアメリカ映画。ヘンリー・キング監督。アカデミー賞五部門受賞。

だ、ずっとしばらく、つい最近まで、映画を観てクリスチャンネームを選んだということが、自分の中で少し恥ずかしいという風に思っていました。でも最近になって、その映画をＤＶＤでもう一度観たのです。そうしたら、本当に不思議なほど全部憶えていました。この場面は憶えていないというようなところがまったくなかったのです。それは今見ても非常にいい映画でした。当時とまったく同じ印象でした。信じられないほどでした。そのように今見ても非常にいい映画だったということと、小学校三年生くらいでも、そのような重要なことは充分に理解したのだということから、私は、「今私たちの周りにいる子どもたちも絶対そうだな」と思うのです。それは私の中でとても大きく、本をつくるときの大切な一つの確信のようになっています。

中学校、高校の頃には、自分がちゃんと理解していなかったこともあるでしょうけれども、キリスト教徒である、カトリックであるということがなんだかとても面倒くさい、と思う時期がありました。ただ、大学に入ったとき――私は慶應だったのですが――、写真が好きだったのでカメラクラブに入ったのですけれども、母に「人生でなにか困ることがあって、誰かに相談したい、ということが必ず起こるはずだから、そういうときのために、どこの大学にもカトリック研究会というか、カトリックの学生の集まりがあるはずだから、籍だけでも入れておきなさい」と言われました。それで、「カト研」――そういうと「カトチャン、ケンちゃん」のようですが（笑）――カトリック研究会に入ったのです。結局、カメラクラブの方は一年生の一学期くらいで脱落しまして、後はずっと「カトリック栄誦会」と慶應ではいいますが、そこに関わっていて、そこで初めて自分とカトリックとの本当の出会いがあったのだと思います。

ちょうどその頃、父が「長崎二六殉教者記念像」の彫刻をつくっていました。いい仕事をしているとはわかっていましたけれども、「やはり、キリスト教であるということは、ここまでの覚悟がないとだめなのか、もうちょっと私は楽な人生を歩いていきたい」（笑）とアトリエでできていくその殉教者たちの像を横目で見ながら思っていました。

ただ、不思議なことがたくさんあって、結婚して一年して引っ越したら、たまたまカトリック教会の隣でした。引っ越しが先にあって、気がついたら教会がそこにあったのです。その後、子どもたちが六歳と八歳のときに、子どもたちの父親である最初の夫が突然亡くなりました。そういうときにも、結局は助けが与えられた、さまざまな困難をどのように受け入れるか、言葉が与えられたと思っています。私の中では今お話したような全部のことが、これはこれ、あれはあれ、と別々になっているのではなくて、ひとつのこととしてつながっているような気がするのです。「ヒルサイドテラスでお話を」と言っていただいたことも非常にありがたいと思いますし、私にとって不思議な「スモールミラクル」だと思っています。いろいろなことをよく見てみると、たくさんの幸せが隠されているような気がするからです。

即興詩人の旅——安野光雅さんと鷗外

安野光雅

一九二四年、島根県津和野町生まれ。子供の頃より、画家への夢を抱く。一九四九年美術教員として上京。教員のかたわら、本の装丁などを手がける。一九六八年、絵本「ふしぎなえ」で絵本界にデビュー。その後、淡い色調の水彩画で、やさしい雰囲気漂う作品を数多く発表。また、美術の世界だけにとどまらず、科学・数学・文学などに造詣が深く、その好奇心と想像力の豊かさで次々と独創性に富んだ作品を発表。その業績に対し、国際アンデルセン賞を始めとする数々の賞が贈られている。代表作「ふしぎなえ」「ABCの本」「天動説の絵本」「旅の絵本」「繪本平家物語」、司馬遼太郎の歴史紀行「街道をゆく」の装画。

それはピアッツァ・バルベリーニから始まった

『繪本　即興詩人』

安野光雅作

末盛○　今日はほとんど講演などなさらない安野さんにご無理をお願いして、デンマーク大使館のある代官山ですから、アンデルセン賞の安野さんに『即興詩人』の話を心ゆくまでしていただこうと思っています。

実はお願いした後で、「六月一四日だよね」と確認のお電話があって、なんとなく心配にはなっていたんです。ところが、二週間前にまたお電話で「六月一四日で変更はないね。じゃあ、ちょっとイタリアに行ってくるからね」とおっしゃって、生きた心地がしませんでした。でもイタリアに着いてからまたお電話で、「いまイタリアだからね、一二日には必ず帰るから心配しないでね。こういうことでもなければ、あんたは僕のこと心配するはずない」とか、いたずら坊主みたいなことを言っておられました。そして、ノートに書いてあるんですが、六月九日二一時三九分にまた携帯に電話があって、「いま、ピアッツァ・バルベリーニにいるからね、ピアッツァ・バルベリーニだよ」と言って切れたんです。実は安野さんは今日の話のためにイタリアにいらしていたのです。そんなことで、今日の『即興詩人』。まだ、帰国してほかほかで、時差ぼけでらっしゃると思いますが、イタリアの話をピアッツァ・バルベリーニからよろしくお願いします。

安野○　実は本当に帰ってきたばかりで、時差でよく寝ていたところを起こされて、今ここに来て、めがねは忘れるし。我々はズボンつりというのですけれども、サスペンダーを忘れるし。たいへんなんです。

ピアァツア・バルベリーニから、電話をしたというのはね、うろうろうろうろしていて、東京ではうちにめったに電話しないんですよ、圏外でね。たまにうちに電話かけると、なんか用かって言われるし。別に用事があって電話かけるわけではないのですけれども。まぁだんだんローマに近づいて。末盛さんに電話をかけておかないと、締め切りが近づいているのに、「安野さん、本当に帰ってくるのか」と心配しているかもしれない。電話をかけて、「心配してましたか？」って言ったら、「すごく心配してた」って。「心配したのは、この会が本当に開かれるかどうかっていうことを心配していたんでしょ」っ

て言ったら、「それだけでもない」って言うことは言うんだけれども、でも本当はそうなんだと思いますよ。（末盛：ふふ）

そもそも、そんなこんなで講演というのは、しないんだっていうのを前もって言っていて。だって、あそこでやったのに、ここでやらなかったとかめんどくさいから。だから、今回は講演ではなくて、愚痴を言って、言い訳を言って、それでおしまいというお話だったんですね。でもそれが、みなさんご存じかどうかわかりませんが、なにかに書いてある。そのとき、私もちょっと思った。皇后様に英訳を頼みに行くという編集者は、まず、いないですよ。皇后様に頼みに行った人なんて。まどみちおさんの本もですね。そんなことやっていいのかなって思いました。そしたらもうひとり、島多代さんといってね、ＩＢＢＹの大会が開かれるのでコロンビアに講演に行ってくださいって言うんですよ。コロンビアなんて行ったことはまったくない。どういうふうにして、行くのかと聞くと、一旦、アメリカに行って、その後、乗り換えて、ほとんど二日がかりのようなんですよ。白い紙、持ってきてサインしてくださいって言うんですね。（会場：笑）あとでここに文章書くからって。それでも、私は仕方なしにですね。あのね、目の大きな人でね、キッと睨んで、サインしてくださいって言われてね。サインをしたんです。それが、島さん。それで一緒に仕事なさっていたのはこの方、末盛さん。ＩＢＢＹで皇后様にも講演を頼んで。本当は講演を頼んだのに、あのときインドが核実験をやってぃて、確かそうでしたよね？（末盛：うなずく）インドで講演することが、核実験のためにできなくなっちゃった。私なんかはね、よくぞ核実験やってくれた、これで講演に行かなくて済むって思うんですけども。（末盛：苦笑）めげないんですよね。録音テープかなんか持っていって、やろうと、ね。そして皇后様は「嫌」と言われないんですよ。私は「嫌」と言えばいいのにって思っているんですけれども。でも、あれは日本語としても素晴しいできだったし、映像としても良くて、たくさんの影響を受けた感じでございまして。日本のエンプレスは、世界にあぁいう人はいないって、世界中みんな異口同音に言って。本人がそこにいるわけじゃないのに、何度もその映像を見て感心したようです。

末盛○

ちょっと補足させてくださいますか。コロンビアの話はＩＢＢＹの世界大会が二〇〇〇年にカルタへナというところで開かれたときで、なにしろ安野さんの人気は世界中でたいへんですから、大会の会議の会場のひとつの部屋に「アンノ・ミツマサ・ルーム」というのをつくりたいけどいいだろうか、ということから、「なにかメッセージをいただけないか」となり、「結局来てください」になったんです。そして原稿とはまったく違う、ほとんどぶっつけ本番のスピーチをしてくださり、同時通訳は原稿を持って右往左往、急遽、東京子ども図書館の松岡享子さんが通訳してくださったという世界的なハプニングでした。熱狂的な大成功でした。

同郷の人・森鷗外

安野○ そうでした。今日はとにかく『即興詩人』。『即興詩人』を訳した森鷗外は私の生まれた島根県の津和野の生まれでであります。森鷗外は、津和野の人間ですから、これを読まないとってね。子供の頃、講堂にはいろんなえらい人の、西周《にしあまね》とか津和野出身の人の肖像がありましてね。そこの肖像の前に並ばされ

森鷗外（一八六二-一九二二）
近代を代表する作家のひとり。軍医を務めるかたわら、多数の小説、随筆を発表。主な作品に『舞姫』『雁』『山椒大夫』『高瀬舟』など。

西周（一八二九-一八九七）
思想家、哲学者。幕命留学生としてライデン大学に留学、帰国後、徳川慶喜の外交秘書などを歴任した。日本で最初に西洋哲学を紹介したことでも知られる。

て、寒い日なんですよ。たぶん（森鷗外の）誕生日だったと思うんです。そして先生が言うんです。森鷗外先生は、小学生で四書五経をやって、中学生になって、論語を全部やって、寸暇を惜しみなく勉強したって。あの方が一生涯に使った原稿用紙を日で割ると、一日に四枚書いた計算になるそうです。毎日ね。おぎゃあと生まれたときから書いたとして、一日四枚ですよ。そんなふうにしないと、あんなふうにならないのですって。だから毎日勉強してえらい人になれっていうのですがね、腹の中で先生はどうなの？って。そうならない先生が、「お前たちはあんなふうになれ」って言うんだから、なんだか矛盾があるなって思いましたけれどもね。（会場：笑）

まぁ、それはいいとして、最近ね、モリオウガイって貝は、どんな貝なの？って。今、私が言っている意味がわかります？　女子高生なんかには本当にいるそうですよ、私は、なにがおかしいかわからなかったんだけれど。だって、モリアオガエルとかいろいろいるじゃないって（笑）。森鷗外の本名、森林太郎（もりりんたろう）を「もりばやしたろう」という人は、ままいるんですよ。これはね、教科書に載らなくなって、時代がとんどん変わって、森鷗外が読まれなくなったって、恥ずかしいなと思いました。私は自分が津和野の人間だから森鷗外を素晴しいとか言っているのではなくて、津和野を離れてから、読んで、津和野で、先生が、「勉強してあのような人になりなさい」と言ったのはこのような人のことだったのかと。まぁ大人になっても遅くはないから、一生懸命読んでみようと。これは本当におすすめです。だからここに来た人はね、騙されたと思って『即興詩人』を読んでください。読んだ方も、無論、おありでしょうけれども、読んでいただきたいと思います。今、有名な、『国家の品格』書いた男ね、藤原正彦。御茶ノ水の読書会とかやっている人。藤原正彦がね、数学よりも国語だってね。一に国語、二に国語、三、四、五がなくて、それから数学って言っているんですよ。数学よりも国語だって言っているんですよ。数学者の先生がね、数学は国語であるって言っているんですよ。なにしろ国語、読まなくちゃいけないって言って。読書クラブっていうのがあって、さすが御茶ノ水だって思うんですけれども、本を読むつもりな者、集まれって言ったら、二四、五人集まったみたいなんですよ。そして、今回の宿題は『即興詩人』。これを一週間で読んで来いって、すると読んだんですよね。私の知っている限りでは二四歳の子が読んだっていうのが、一番若くて、歳をとった人が読んだっていうのは八一歳の人がありまし

藤原正彦（一九四三-）
数学者、エッセイスト。主な著書に『若き数学者のアメリカ』『遥かなるケンブリッジ』など。作家・新田次郎、藤原ていの次男。

た。これを読んで、冥土の土産になりましたって言ってね、長い手紙をくれました。

末盛 藤原さんは安野さんの教え子なんですよね。私なにかで読みました。

安野 ええ、まあ。かたちばかりです。

『即興詩人』ですが、私は暗記しておりましてね。冒頭の句というのは、どの小説もそうですけれども、水が落ちたようにしーんとして心に沁みてくるものなんですね。最初沁みてきませんよ、なに書いているんだろうって。「ローマに行きしことある人は、ピアッツァ・バルベリーニを知りたるべし」って。これでお経という効果はありませんでしたけれども。他にもトンネルを抜けるとどうなったとか、月日は百代の過客にして、って素晴しいのがあるけれども、ありとあらゆる文章があるけれども、私にとってはね、「ローマに行きしことある人は、ピアッツァ・バルベリーニを知りたるべし」。もうね、お経の冒頭の文句のように心に響いてくるんですよ。こうこのへんを天井にこだまして、響くような気がします。初めはなんのことかわかりませんですけれども。だんだんね。

で、無人島に行くときはこれを持っていく。大地震がおこったときもこれを持っていく。

大地震がおこって、たいへんに苦しいときもこれを読んでいれば、心が休まる。そういうありがたい本です。

ですからね、これは、最初から宣伝して悪いけれども、最初は本当に読みにくいかもしれませんが、だんだんだんだん慣れてくると、これを読まずにはいられなくなる本当に素晴しい本ですから、読んでください。この冒頭は、ちょっと読みますとね、「ローマに行きしことある人は、ピアッツァ・バルベリーニを知りたるべし」。ちょっと行ったことある人いませんでしょうか？ひとり、あ、ふたりいましたか。うれしいですね。あ、その次に、そのすぐ近くにね、ピアッツァ・バルベリーニを見て、左にというとちょっとおかしいのですが、裏表がありますけれど、正面をむいてこうやって貝を吹いて。ベルニーニという彫刻家の作品です。バルベリーニとまぎらわしいけど、バルベリーニというのは豪商です。貴族だったのかもしれません。彫刻家のつくった「トリイトンの神のかたちにつくり成したる」とかいてあります。トリイトンというのはローマ神話に出てくる海の神様で、その噴水がね、ある日ものすごい高さで噴出しているときがあったんですよ。こんなに噴き出しているってことはどこかにポンプがあるんだなって思ったけれど、そのポンプはどこにあるか確かめられませんでした。そのときに日本の、若い女の子がね、感に堪えないというような目つきでね、うっとりと眺めていました。今回行ったときはね、このくらいの高さでちょろちょろちょろちょろという感じでしたけれども、それでも水盤にたれてですね、だんだん流れていくんです。そこからずっと横に行くとスペイン階段。スペイン階段ご覧になったことがないっていう方いらっしゃっても、あれは『ローマの休日』のときにね、グレゴリー・ペックとなんとかさん。

末盛○　オードリー・ヘップバーン。忘れちゃいけません！（笑）

安野○　オードリー・ヘップバーン。オードリー・ヘップバーンがね、アイスクリームを食べながら、あの階段をとっとっとっとっと、と。私も今回あの階段に行って、とっとっとっと、とね。(会場：笑)ちょっと名前を言っていいかわからないけれど、某新聞記者がね、「先生、私はあの映画を見て朝日新聞に入ったんだから」ってね、言うんだよねぇ。「おまえさん、そうは言ってもあんたはグレゴリー・ペックじゃないんだから、そうはならない」って言ってもね。(会場：笑)それでもね、意気軒昂としてね、あの映画を観て新聞記者になったと言う人がいるんだから馬鹿にしたもんじゃないですよ。

末盛○　ええ。けっこういますよ。私が二年前にローマで会った女性のローマ支局長でしたけれども、彼女があきれて笑いながら言っていたのは、自分の上司だった人がアルゼンチンから東京に転勤になるときに、ローマ経由で帰るから、お前は『ローマの休日』に出てくるすべての場所を私に案内するようにっていう厳命がきたって。そんなこと言われてもねって笑っていましたか

ら、結構多いんですよ。（安野：笑）

安野○ 私もちょっとやってみたいと思うけれどできない。今でもね、ローマではね、グレゴリー・ペックがこうやってバイクに人を乗せて、持つところ、こうやって持つんだよね。こうやって持って、ローマの町をうろうろしている。それがカレンダーになってね、売っていました。

私の話はね、すぐ、脇にそれていきますが。ピアッツァ・バルベリーニはなぜピアッツァ・バルベリーニかというと、そこは、ローマに行きしことなき人も、銅版画にて見つることあらん。文語体っていうのは素晴しい。「見つることあらん」。銅版画で見たことあるでしょっていえば足りるところ、ローマに行ったことのある人は、ピアッツァ・バルベリーニに行ったことあるでしょでいいところ、文語体というのはちょっと違いますね。ここでは水が出てるっていうところを水が「ほとばしり出ている」っていうんですよね。、水がほとばしり出ているっていうことはちょっと日常語では言いません。やはり文語体の素晴しさ。また、話が余談。なかなか進みません。

末盛　大丈夫です（笑）。大丈夫ですよ。

文語体の美しさ

安野　デンマークのアンデルセンの書いた原書を翻訳したのに、翻訳したものが原書を超えて素晴しいという人は日本にはたくさんいます。僕もその一人で、実はそう思っているんですが。でもこれは不思議な言いがかりではないかという人もいます。だって原書があってそれを翻訳したにすぎないのだから、翻訳した方が原書を超えるということがあるだろうか。そりゃ、ありそうにないよね。ありそうにないけれども、私の考えでは、文語体になっていることが大きいのではないか。「ピアッツァ・バルベリーニを知りたるべし」というのと、「知っているでしょ」というのは格調の差において歴然とした違いがあります。やはり文語体というものがもっている、厳しい、短いけれど言い得ている。あれを尊重しなくてはいけない。今、政財界で、文語体とまではいかないまでも、質問に四字熟語を入れたりして文語体的な言い方をするときに、しばしば間違って言っていることがあります。その人たちは森鷗外をもう一度勉強なさったほうがいいのではないかと思っております。

いろいろ、付箋で印つけたのを全部言うと、また遅くなってしまいますがね。ピアッツァ・バルベリーニのところで、ちょうど昼でしたから、スパゲティかなにかを食べましてですね、そこに三々五々、いろんな人が通っていきました。ものすごいきれいなお嬢さんが歩いていた。私も昔はそのくらい若かったんだけれども。今回もむこうでごはん食べている人がいます。親子で。よくわかりますね、親子っていうのはね。やっぱり娘さん、顔見ればよくわかるんです。非常に良く似ている。でも違うところもあるんですよ。どういうわけかというと、お母さんはどうしてあんなに太っちゃっているのかって。（会場：笑）娘さんはきれい。きれいでないといいましてもね、なにも心配ないんです。世界中どこへ行っても若い娘さんはきれい。歳をとったらそのままではない。（会場：笑）これは誰もが通ってきた道ですから。でも皇后様はちょっと例外ですね。あの方は三五、六のときには、本当にね、ものすごくきれいだったですよ。で、今でも病気になっても、なおかつ、清楚で、きれいで、あたりをはらう雰囲気があって。私なんかはそばによることもできないようなことでございます。

こう、すぐに話が脇にそれるからいけない。あ、そうそう、スペイン階段というのはね。スペイン階段の上からオードリー・ヘップバーンが降りてくるあの階段はね、スリやなんかがいっぱいいるところでね。『即興詩人』では、そこにペッポの叔父というのがいるんですよ。ペッポの叔父というのは、今の言葉でいうと足の不自由な人、昔の言葉でいうと、「イザリ」です。両手だけで歩いている。そこに生まれたアントニオという少年の、叔父さんにあたる人なんですよね。その物乞いをしている叔父さんが、あるとき目の見えない物乞いが、たくさんお金を貰ったのを見ます。おまえはなんだ、目の見えないのをいいことにして、それは本当はおれのパン代になる筈のお金だ、よこせっていってそのお金をよこどりするんですね。それを見て、アントニオは、うちの叔父さんてなんてひどいんだろう。あんな人、叔父さんじゃないっていうふうに言い切るところがあるんです。ほんの一シーンですけれども、後の方と関係があるんです。

そんなシーンがあって、ローマからほど近いジェンツァーノというところがあって、子どもの頃に連れて行かれるんですよね。ジェンツァーノというのは、花祭りが有名ですが、教会があって、下り坂になっていて下まであって。広い道にまず図形を書いて、その図形を花で埋めてね。聖母とか受胎告知とかなんかを花をいっぱい敷き詰めてね。そういうところがイタリーにはたくさんありますが、ジェンツァーノの花祭りは中でも有名です。アントニオとお母さん。お父さんはいなかったんですね。そのふたりがさっきの、ピアッツァ・バルベリーニの片隅の方に住んでいて、二階をフェデリーコという人に貸して、生計を立てている。そのふたりが、今なら一時間でいけるところを二日をかけて、とことことことこ、ジェンツァーノに行くんです。あ、この辺で質問があったら。

末盛○　質問があったらぜひ。ないですか。それではちょっと私の話も。私の方のきっかけとしましては、一九六六年に私が初めてヨーロッパに行くときに、母が「イタリアに行くのなら絶対に『即興詩人』を持っていきなさい」って。持っていかないんなら行かせないって言うくらいの勢いだったので、かなりしぶしぶという感じで持っていきました。そのときは、文語体だし、まったくわからなかったような気がしましたが、今度、あらためて読んでみて、結構頭に入っていたんだな、と思いました。ただ地名はカタカナだとわからないんですよね。それで、イタリアの地図を見ても、森鷗外の書いているカタカナと、地図に書いてある地名とまったく一致しなくて、四苦八苦というか、すごく往生した記憶があります。ただ、その記憶が、ずいぶん前に安野さんにお目にかかったときに、『即興詩人』の話になって、「えっ、あんた『即興詩人』知ってる?」っていうことになって、そのことからちょっと友だちのごく端くれに認めていただいたかなって思っています。鷗外さまさまです。

鷗外の生涯

末盛 ◯ それともうひとつ。質問ではないんですけれどもね、私が中学校のときに、国語の先生が、今考えるとその方は津和野の出身だったのかなぁという気がするんですけれど。国語の教科書に『高瀬舟』が出ていたと思うんですが、そのときその先生が話してくれたことで忘れられないのは、森鷗外が森林太郎という本名ですよね、「石見の人、森林太郎として死せんと欲す」ということを書いたということを、中学生の私たちに話してくれて。それはすごく印象的でした。大人が子どもに話すというのはこういうことかなって、今でも忘れられないんですよね。自分の中では即興詩人の記憶と絡まっているかなと思います。

安野○　あのね、森鷗外というのはいわゆる陸軍中将であり軍医総監であり、かたっぽでは文学界では孤高の人であって。私は車の両輪だと思っているのね。こちら側が軍隊、こちら側が文学。文学というのは自由の極み。なにを書いてもいいでしょう。嘘も書いてもなにを書いても。でも軍隊というのはものすごい掟の中に住んでいて、なんの自由もない、ぎりぎりのところまで行かなくちゃいけない。ただし一兵卒ではありませんから、多少の余裕はありますけれども、車の両輪で線路の上を行くわけです。これは外れるわけないんだ、ばたっと。だけれども、脱線せずして、よくその道を行ったな、と。しかし、鷗外はやっかまれたんじゃないかと思うんだけれども、あれだけ文武もいろいろこなすのもわかるけれども、その上、あれほどの文学作品を書かなくてもいいじゃないか、あの分だけを軍務にまわせばいいじゃないか、ちゃんと軍部は給料出してんだぞっていう話になっちゃう。そうするとね、自分は書くことによって、軍務をおろそかにしたことはない。ちゃんとやっているんだぞと言って、やや激昂した文章で、「やってる!」って書いてね。そういうことがあってから、なにかの軋轢があったんじゃないかと思うんだけれども、小倉師団にね、配置転換になるわけですよ。そのときからね、この『即興詩人』を訳し始めたわけですよ。

今、小倉に行ったことを、左遷されたというんですよ、左遷とか、都落ちとか言います。私は、その言葉が非常に嫌いでね。じゃね、もとから小倉に居た兵隊はなんなんだ? そう思わない?「左遷」てね、これはねサラリーマンのセンスでよくないと思うんですよ。東京本社にいればそうじゃないけれど。支社に行った、左遷されたっていうふうに思わなくていいんじゃないかということです。しかし鷗外は、兵隊の位を駆け上っていくスタイルですからね、どうしても軍医総監までって。辞めた後は博物館長とか、なにかいろいろやりましたけれども。でも、なにかがあったんだろうなと思うのは、僕は彼の気持ちが歳をとってきてからなんとなくわかるようにもなったんですね。なんだか賞なんか貰ったりして。アンデルセン賞。アンデルセン賞って言えばいいのにね。「児童文学界のノーベル賞というところのアンデルセン賞」って、ああいうの嫌いなんですよ。ただアンデルセン賞でいいじゃないの。つまんないじゃない、かえって。あるいはね、私の田舎のこと、「小京都、津和野」っていうんですよ。私は津和野でいいじゃないっていつも言うの。津和野がどんなに小さかろうが、胸を張ってって言うわけ。すぐ余計なこと言うから、駄目なんだけれどもね。自分は石見人だと思って生きたかった。つまりね、歳をとってみると田舎の風景、子どもの頃の風景が思い出されて、いろいろ行ってみたけれども、やっぱり津和野の生まれたところはよかったなと。彼はエッセイに「自分は浮き草だった」と。根っこは津和野のどっかに張っていてね、浮き草になってふらふらふらふらいろんな所に行ったけれども、根っこはどこか津和野にあったんだなということを。最近、私は『三国志』を描きましたけれでも、曹操も同じこと言っている。人間、年をとるとそういうふうになってくるのかと思いますが。

三国志
中国の後漢末期から三国時代にかけて群雄割拠していた時代（一八〇年頃－二八〇年頃）の興亡史。

曹操（一五五？-二二〇）
中国後漢末に活躍した武将、政治家、詩人、兵法家。

アンリ・カルティエ・ブレッソン（一九〇八-二〇〇四）
フランスの写真家。「決定的瞬間」をとらえたスナップショットで知られる。主な写真集に『逃げ去るイメージ』など。

私ね、写真家のアンリ・カルティエ・ブレッソンという人の写真を見て、素晴しいなこれは、と思って。その人がね、このような写真を撮るにはどうするんですかと聞かれたらですね。好々爺が、頭の髪もなくなったと思うような叔父さんが出てきてね、これがあのカルティエ・ブレッソンかというようなね、禿げた焼き芋屋さんじゃないかという人が出てきてね、「これはチャチャッと撮るんですよ」って言うんですよね。だからね、今度からおれに聞いてくれればと思ってね、「この絵はどう描くんですか」って。「チャッチャッと描くんですよ」ってね。というふうに言いたいなって。（会場：笑）そのカルティエ・ブレッソンは、シャッシャッて撮るにしてはね、本当にいい写真が残っていて、私は、惚れ惚れするんだけれども。本当にそうだろうと思うんですよね。僕もこう生きたいなぁって。

三国志の世界

末盛○　『即興詩人』については何日かけても終わらないと思うんですけれど。ご覧になった方も多いと思うんですが、今もお話に出た「三国志」の展覧会は素晴しいものでしたが、あの三国志のお仕事も少しお話しくださいますか。

安野○　三国志は、そもそもね、世界遺産の絵を描かないかというのがあってね。世界遺産の絵を日本航空のグループと四社くらいの合同で、「三国志」の場所に行って、万里の長城であるとか、始皇帝の廟、兵馬俑とか、九賽溝だとか、いろいろ撮ってね。最初から言われているんだけれど、安野さんも一緒に行って絵を描いてくれないかって言うから。そんなのもう描けないから勘弁してくださいって。たとえばパリに行っても、凱旋門描くっていうのはたいへんですよ。写実的に写真のように描くのは簡単なんですよ。絵にするっていうのができない。もうできあがっているからね。だから、また話が長くなるけれど、「三国志」だとかなんとかいうんだったらいいけれど、名所は描けませんよっていったら。「あっ『三国志』でいいんですか」っていうから、いいって訳じゃないけれど「三国志」だったら描けるかなって思っただけって言ったら、『『三国志』でいきましょう」ってことになって、「三国志」。「三

「安野光雅　繪本 三国志」展
〜中国、悠々の大地を行く〜

二〇〇八年四月から六月にかけて、大丸ミュージアム・梅田（大阪）、高島屋日本橋店（東京）、井上百貨店（長野・松本）を巡回。

『繪本　三国志』

安野光雅作

国志」長いんですよね。そうしてあれはできあがりました。

末盛○そうしてあれはできあがりましたっていうには、ものすごくたいへんなお仕事ですよね。

安野○まぁたいへんなんですけれども、腰は痛くなるし。今ちょうど地震が、私が行った後になって、よかったんだけれども。よかったっていっては失礼なんだけれども、あれより後になって行って御覧なさい。私は今頃帰ってこれなくて、当分帰ってこれないから、あのあたりで暮らしているかもしれない。

（会場：笑）

末盛○私なりに楽しんで「三国志」展を拝見したのは、素晴しい絵もさることながら、あの素晴しい落款《らっかん》の数々が本当に楽しいですよね。少しお話してください。

安野　あの落款《らっかん》はね。落款《らっかん》の世界というのはまだ理解者が少ないんだけれども。本当に小さい世界ですけれどもね、私は落款《らっかん》が大好きでしてね。日展なんかで落款《らっかん》が出ているると、真っ先にそこに行って見とれます。小さい抽象の世界のような感じがするんです。字が小さい抽象画のように感じるんですね、読めないから。それが実に見事にできていてね、本当に素晴しくてね。素晴しいといってもね、我々から見たら全部一様なんですけれどもね。でも、偶然に、本当に偶然に、小林斗庵さんという人に、はんこをつくってもらってあげるからって、いう人があってね、じゃ、つくってもらってよって。で、小林斗庵という人のはんこをつくったの。そしたら、小林斗庵という人はね、後で私の友だちで中国古代文化研究家の中村愿《すなお》さんが「小林斗庵じゃないですか！」って。小林斗庵は人間国宝で、誰が頼んでも今じゃつくってくれないって。一〇〇万円出してもつくってくれないっていうから。僕もそういうふうに言われてみたいもんだなって。

それからね、孫慰祖さんというのはね、要するに、篆刻の世界では西冷印社というのがありまして、杭州にあるんですが。世界のはんこのメッカとい

小林斗庵（一九一六 - 二〇〇七）
書道家、篆刻家。元全日本篆刻連盟会長。日本芸術院賞書賞恩賜賞、文化勲章受章など受賞多数。

孫慰祖
中国の篆刻家。上海博物館研究員、西冷印社の理事を務める。主な著作に『古封泥集成』『中国篆刻全集・漢代巻』『可齋論印三集』など。

うかね、その西泠印社の会員というのは、頼んでもなれない世界なんですよ。本当にうまい人がなるというようなな。人数制限もあるようなね。中村愿さんが孫さんに頼むからと言うから。孫さんというのはどんな人か、そのときは知らなかったのね、中村さんが言うからいいだろうと思って、孫さんに「魏・蜀・呉」という字を頼んで、できてきたんですよ。私、説明を書かなくちゃいけないから、自分の本を出してきて、このくらい厚い、篆刻の本があったんですよね。その本の著者が、孫慰祖なんだ。孫慰祖というのは、中国の篆刻界で一番えらい人なんだ。だからね、あのはんこはそれぞれいわれがあるんです。中には、無名の人のはんこもある。無名な人のはんこはちょっと読めない。だけどすごい面白いんですけれどもね。宇野亜喜良ってかの有名なイラストレーターね、彼が彫ってくれたものもある。いろいろ玉石混淆ではありますが。中にはね、朝日新聞社の穴吹さんのがあったりして、これも本当にうまいんだよね、そういう人のはんこもあったりして、できています。

ふるさと津和野

末盛○　ずっと子どもの本というか、絵本の仕事をたくさんしていらした安野さんが、平家物語とかシェイクスピアとか、それから「三国志」というふうに、非常に絢爛豪華な世界に入っていらしたなと思っていたんですけれども。最近、「こどものとも」で、『あいうえおみせ』という絵本をつくられましたね。私、これ本当に素晴しく楽しい本だと思いました。常々、本当によくできている子どもの本は大人たちも充分に楽しめるはずだ、どちらがどちらだっていえないと思っていたんですが、まさにこれがそうだなと思ったのですが、この『あいうえおみせ』ができるきっかけはなにかあったんでしょうか。お孫さんとか。

安野○　あれはね、津和野の町でね。また津和野の町でなんだけれど（笑）。津和野は、町というのは、はじめから全部生活共同体で、病院もあれば、お墓も

『あいうえおみせ』
安野光雅作・絵

あれば、お医者もあれば、小学校とか、中学校、高校とあって、豆腐屋があって、お味噌屋さんがあってというふうに、なにやらかにやらいろいろあって、全部揃ってひとつの完結した生活、共同体だったわけです。どの町でもそうで。それで、さらに昔でいえば、コンパクトにまとまっているもんですから、そこだけに通じる方言が成長してですね、方言というのはそうやってできてきて、生活が固まってくる。ところがね、例外的に富山の薬屋さんなんかは変な言葉でしゃべるのいるなぁって思うのが通り過ぎていったりね。で、だんだんだんだん拡がっていく。だから一つにまとまってるのが文化だとすると、次第に文明になっていくんです。違う文化を取り入れて文明になっていく。そうすると、私はあまりいいと思っていないんだけれど、もうちょっと大がかりになって、たとえば家具屋。家具屋なんかは街の中のこの辺になくても、もうちょっと山の中にできたって、車で行きゃいいでしょって文化がだんだんだんだん変わってきた。僕らが子どものときなんか、あらゆるものが自分の町にあったんだけれど、それが変わっていったのが惜しいなぁと思いました。

もうひとつは私が子どもの頃は、時計屋さんがどのようなことをやっているのか、桶屋さんはどのようにやっているのか、みんな窓の前でじっと見ているんですよ。学校帰りにね。桶屋さん。よくもまあねぇ、丸い輪っかの一断面だけ切り取って、よくもあれが繋がって、わかんないもんだなぁとかね。たんすの引き出しが引いたり抜いたりするたびに、上が入れば、下が出てくるようなことようやるなぁとかね。そういうふうにしていろいろ見て育ったところがあったから、子どもたちにもそのようなことを伝えたいというのがあったね。

末盛○　たいへん楽しませてもいただきました。この本もそして『繪本　即興詩人』も、実に、楽しいし、すごく美しい本だと思って感激しています。

青春の書『即興詩人』

安野○　でもね、『即興詩人』は私の絵本を買っていただいてもありがたいけれども。

だけれども、この岩波文庫の『即興詩人』、早く買わないとなくなりますよ。今はね、ワイド版になって出ています。筑摩書房から出ている方はいくらかあるけれどもね。筑摩のは文庫版の鴎外全集で、こっちは上下ではなくて一冊になっています。

末盛○ そうですね。私もこの間トライしたんですけれど。古本でもあまり出ていないですね。

安野○ 私、いくつか持ってますけれどもね。（会場：笑）こういうこともあろうかと思っていくつか持っているんですよ。特別な方でないとあげない。とにかくねぇ、即興詩人がね、文庫版に出たときずいぶん買ったの私。値が上がると思って買ったの。（笑）まぁ、この茶色の本を一万円くらい買った。そのころ一〇〇円の本だったから一万円といってもたいしたことないですよ。このくらいはあったけれどね。だんだんだんだん減ってきて。この本は図書館へ行けばあるけれど、図書館行ってというような種類の本じゃないですね。

末盛○ だって図書館の本を持って無人島に行かれないですものね。

安野○ そうそうそうそう。図書館の本、コピーとってじゃね。私は、これは、運よく信仰の域に達しましてね。イギリスの泊まったホテルで古本市やっていたんですよ。小さな古本屋がびっしりあった。私の持っている『即興詩人』の扉にね、なんとかIMPROVISATORENって書いてあったんですよね。それを紙に書いてね、アンデルセンの即興詩人って紙に書いて。しらみつぶしに一軒一軒歩いたの。でもありませんでしたね。それでいろいろ探したらね、東大図書館にあったね。東大図書館に一冊だけあったの。そして、私は借りてきてなに考えたと思う？　よし、これを翻訳しようってね（笑）。ばかでね。英語なんかもできない人間がどうしてこれを翻訳しようってね（笑）。でも、でもそれはもちろん冗談で、夢でしたけれども。でも、英語の本もやっぱり一冊あった。で、外国のインターネットで買ったらですね、ドイツ語があって、イタリー語があって、英語があってですね。全部買って二〇万円ぐらいだった。だから読めない本が僕のところにあるんですよ。しまってあるんですよね。

末盛○ やっぱり本って持っている楽しみってありますからね。

安野○ そう持っている。だって書いてあることわかっているんだから。これ現物だっていってね。なんかそんなふうにね、時間平気ですか？

末盛○ ええ、もうちょっと。前に安野さんが言っていらしたけど、「命短し恋せよ乙女、赤き唇《くちびる》あせぬ間に……」という流行歌のもとと思われるくだりが『即興詩人』に出てきて、大発見したようにうれしかったと言っておられましたけど、この『即興詩人』は言うなれば青春の書ですね。もちろん鷗外の文章が美しいということがありますが、二度と返らない青春への思いが大きいと思います。ピアッツァ・バルベリーニにはじまって、ジェンツァーノでアントニオのお母さんがなくなって。でもいろんな縁でボルゲーゼ公の世話になり、学校にやってもらう。そこで快男児のベルナルドと親友になり、禁じられていたダンテを読み、アヌンチャタという女性に出会う、といういってみれば波瀾万丈の青春物語ですよね。

安野○そう、胸に手を当てれば誰にでも思い当たる、今さらどうすることもできない若き日の過ちっていうことが言えると思います。

末盛○今日はお疲れのところ、本当にありがとうございました。

アレキサンドリア図書館をめぐって——松浦弥太郎さんと語る

松浦弥太郎

一九六五年、東京生まれ。十八歳で渡米。帰国後路上で雑誌を売ったのをきっかけに、車で移動する本屋「M&COMPANY. TRAVELING BOOKSELLES」を始める。オールドマガジン専門のブックストアCOW BOOKSを中目黒と青山で主宰。書店主のほか、文筆家、エディトリアルディレクターの肩書きをもち、雑誌や本の執筆や編集など、幅広く活躍。二〇〇七年より「暮しの手帖」編集長。『本業失格』『最低で最高の本屋』など著書多数。翻訳に、チェコの絵本作家M・サセックの旅絵本シリーズ『ジス・イズ・パリ』など。

図書館はアレキサンドリアから始まった

末盛○　なぜ今回、アレキサンドリア図書館をテーマにしたかといいますと、この代官山ヒルサイドテラスでなにをテーマに話をしようかと考えたときに、「あそこに素晴しいエジプト大使館があるじゃないの」ということで、エジプトの本のことでなにかお話できるのではないか、というのが、ほとんど幼稚な話の始まりでした。というのは、大使館の前にいくつものエジプト彫刻の素晴しいレプリカが置いてあって、通る度に「この中はエジプトなんだ」と胸おどる感じがありました。それで少し調べ始めたときに、アレキサンドリア図書館が古代の紀元前二、三世紀頃にできて、そのことに関して松浦さんがご興味をもっていらっしゃるということがわかったので、これ幸いに（松浦‥笑）ということで、アレキサンドリア図書館をきっかけにして、本に寄せる思いをお互いに語り合って、みなさまと分かち合いたいと思いました。よろしくお願いします。

松浦○　僕は「暮しの手帖」での編集出版と、COW BOOKSという書店を経営しているのですが、常々、本がたくさんある場所＝図書館についていつも思うのが、図書館のルーツのこと。そして図書館のルーツというとアレキサンドリア図書館に思いがいくのですね。みなさんご存知かと思いますが、紀元前二、三世紀、世界で初めて図書館というものができて、図書館の司書が初めて生まれたのが、古代エジプト文明だった、と僕は小さな子どものころに知ったときに、なにか自分が本に関わるときにいつも、「アレキサンドリア図書館の存在というのは、どうだったのだろう」と非常に興味をもち、少しずつ少しずつ書物を紐解いていきました。アレキサンドリア図書館を考えることが、本の有り様だったり、本のあるスペース、それから本を利用する私たちがどのようにしたらいいのか、ということを考えることだったのです。

末盛○　私は全然そういった知識もありませんし、もちろん専門でもありませんが、本というものは美しい宝の山だという思いがあります。この機会にということとで、ただ好奇心一筋で調べてましたら、これが面白くて、面白くて仕方がなくて。昔、母から嫌味たっぷりに、「大学生っていうのは勉強するものだと思っていたわ」と言われたことを、今頃思い出して、「これを見せてやりたい」というくらい、大学生そこのけのように本を積み上げて、付箋をいっぱいつけて勉強しました。付箋が一杯ついていますので、どれがどれかわからないくらいになってしまっていますが（笑）。でも本当に面白かったですし、紀元前二、三世紀に図書館があった。しかもアレキサンダー大王がアリストテレスに出会ったという、本当に奇跡的な出来事によってそれが始まったらしいというのが、ものすごくロマンティックで素敵だ、と私は思います。

松浦○　そうですね。アレキサンダー大王がアレキサンドリアという都市をつくったときに、まず都市を建設すると同時に、図書館をつくらなくてはならないと考えたことも非常に感動します。アレキサンダー大王というのは、三二歳で亡くなっているんですよね。若い三〇歳くらいのときに、都市の建設と図書館の重要性を考えたというのが、末盛さんがおっしゃったように非常にロ

アレキサンダー大王
（紀元前三五六 - 紀元前三二三）
マケドニアの王。東方遠征を行い、アケメネス朝ペルシアを滅ぼして、中央アジア、インド北西部にいたる広大な世界帝国を実現した。

アリストテレス
（前三八四 - 前三二二）
古代ギリシアの哲学者。多岐にわたる自然研究から「万学の祖」と呼ばれ、数々の分野で後世に大きな影響を与えた。アレキサンダー大王の家庭教師だった。

マンティックですし、当時エジプトが、神秘思想も含めて、文明国家のはしりというか、当時世界中の中で一番優れていた高度な文明をもっていたことを物語っていると思います。我々、普段「エジプト」というと、ピラミッドだとか、そういった、今でもなかなか謎が解明できないような非常に高度な文明に、羨望を抱かざるを得ない。でもその背景には素晴しい図書館があったということを、今日みなさんに知っていただきたいですね。

少年の書いたパピルスの手紙

末盛○ ちょっと見ていただきたいのですが、これは紀元前三世紀のアレキサンドリアの様子を復元した絵です。この絵は、たまたま――たまたまといったら悪いのですけれども――、ムバラク大統領夫人もエジプトの代表でいらっしゃいますが、IBBYという子どもの本に関しての組織の出しているアンデルセン賞を受けたオーストラリアの絵描きさん、ロバート・イングペンが、アメリカのスミソニアンの出版した *The Smithsonian Book of Books* とい

ロバート・イングペン（一九三六-）
オーストラリアの絵本作家。一九八六年国際アンデルセン賞を受賞。主な絵本に『せかいはいったいだれのもの？』『いのちの時間』など。

う本のために描いた挿絵です。これは素晴しくよくできています。実に楽しいと思います。この端の方に大きな灯台があるのですが、これは「ファロスの灯台」という非常に有名な灯台です。旧約聖書のことに興味をおもちの方は、「七〇人訳聖書」というのをご存知かも知れませんが、この旧約聖書をヘブライ語からギリシア語に訳す作業がされたのが、そのファロスの灯台だったのです。これは歴史的な資料をもとに、ロバート・イングペンが復元した絵のようです。

そして、私が、パピルスで一番最初に気に入りましたのは、大英博物館で見つけた絵葉書なのです。これは紀元前二、三世紀のエジプトの少年が、ギリシア語でお父さんに宛てて書いた手紙で、「お父さんがこの間アレキサンドリアへ行くときに、僕を連れていかなかった」ということの恨みつらみを書いていて、今度行くときに僕を連れていかなかったら、僕はごはんも食べなきゃ、なにもしない、かにもしない！　それでお母さんが困り果てるから、今度行くときには絶対連れていくように、と、もうほとんどお父さんを脅迫しているような文面なんです。それがパピルスに書かれて手紙として残っているのですね。そんなことって今ともうほとんど変わらないじゃないですか。

The Smithsonian Book of Books

Michael Olmert

ファロスの灯台

紀元前三世紀頃に、アレクサンドリア湾岸のファロス島に建造された巨大灯台。古代世界の七不思議のひとつ。

七〇人訳聖書

紀元前三－二世紀に離散のユダヤ人のために各地でギリシア語訳された旧約聖書。七二人の翻訳者が招集されて七二日間で完成したといわれている。

松浦○　そうですね。少年がお父さんに書いたこの手紙は本当に有名で、パピルスで残っているものでは最古のものです。素晴しいですよね。少年が書いてる、というのが、またなんともいえないんですね。当時、こういった写本もそうだし、パピルスもそうだし、アレキサンドリア図書館には七〇万冊の本があったといいます。今、私たちがこうして手にしている本の大きさではなくて、当時はもうものすごい大きいものもあって、それがきちんと編集されて、保存、管理されていたというのがものすごく驚くべきことなんですよね。

末盛○　その頃アレキサンドリア図書館で保存されていたものは、パピルスだったと思います。パピルスの特性上、巻物のようで、筒状に巻いたものが棚に入っていたのではないかと言われています。そしてパピルスは、ひとつひとつ丹念に草を裂いてつくったと思いますが、いかんせん弱いものだったらしく、だんだん羊皮紙に移行してゆく。ただ私がすごく感動するのは、私たちが現在知っている古典――アリストテレスとかソクラテスとかプラトンとか、

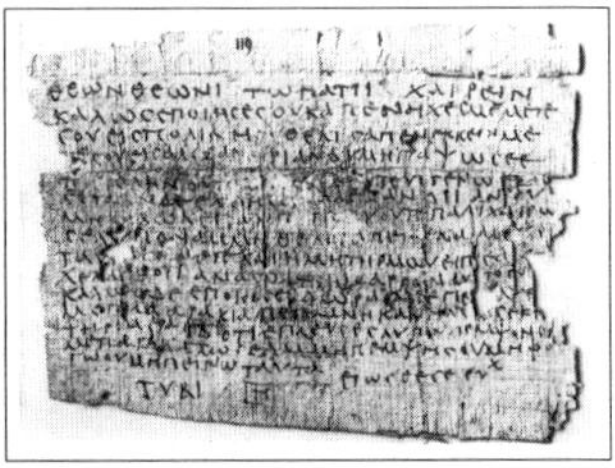

エジプトの少年が父親に当てた手紙

そういったものすべてが、このようなプロセスを通って、今も書籍としてあるということです。それは素晴しいことですよね！

松浦○ 当時プラトンは、本とはどういうものかと考えたとき、その当時の一番の最先端の技術と、最も優れた考えと、最も優れた手工——ハンドクラフト、それらすべてをそこに注ぎ込んだ。それが今でも僕の理想とする本のあり方なんです。そうやってつくられた本があるからこそ、今我々がこういったことから紐解いて、過去のことを知ることができる。それは非常に素晴しいし本当にロマンチックなことなんだろうなと思います。

末盛○ 私たちは当然のことのように、本というのはどこででも手に入るし、見ることができると思っています。でも、たとえば、中世のヨーロッパでは、写本というものができていきます。それはたいてい修道院で写字生という人たちがする作業です。羊皮紙とかに書いていくのだと思います。美しい細密画も添えて。ボローニャのブックフェアに一緒に来ていた夫が行ってきたのですが、イタリアのチェゼーナ（Cesena）という町に、一三世紀の領主が集めた写本をそのまま所蔵している図書館（LA BIBLIOTECA MALATESTIANA）があるのです。建物がそもそもとても重厚で美しいのです。写本は本当に昔から貴重なものですから、鎖に一冊ずつつながれている状態です。資料を見せてもらいましたが、それが素晴しく美しい。ため息が出るほど美しい写本が集まっているのです。文字も挿画も美しいのです。チェゼーナにあるかどうかわからないのですが、写本には身分の高い女性のための聖書とか、個人的な祈祷書とか、それほど大きくはなくて、本当に宝石のように美しい挿画の入ったものとかがあって、それは今でもクリスマスカードなどに使われたりしています。写本はすべて手で書き写したものなわけですが、それをもっとたくさんの人に伝えたいと思えば、それをまた書き写す。そしてそれをまた書き写す……。そういう風にして文明が広がっていった。出版するということは、日本語では「出版する」といいますが、英語では「パブリッシュ(publish)」、公共のものにする、公のものにするという意味がもともとあるのだと思います。

図書館ははじまりの場所

松浦○ ものを集めるというのは、国の力を使って集めれば、いくらでも集まるわけです。でも、集めたものをどう利用するかというのが、技術であったり、知恵であったりするわけですよね。いろいろ調べていて知ったのですが、アレキサンドリア図書館の職員の中に、カリマコスという詩人がいましてね。彼は七〇万冊の図書の目録を初めてつくった人なんです。それが素晴しいのですね。「ピナケス」という目録なのですが、一二〇冊にもわたったものだということとです。それは、ただ単に、いわゆるアルファベット順であったり、項目別ではなかった。そこにあった本は、衣食住を含めあらゆる内容の本があったといいます。そのすべての目録をつくるために一番最初にカリマコスがしたことというのは、全部それらを読むことだったらしいのですね。どれだけ時間がかかったかわかりませんが、全部を読むことで、内容を把握して、内容のキーワードで目録をつくった、といいます。今の最先端のインターネットとか、検索システムなんかも含めて、それがルーツなんですよね。でも残

カリマコス
（前三世紀　生没年不詳）
ヘレニズム期ギリシアの詩人。アレクサンドリア図書館に職を得、一二〇巻におよぶ大文献目録ピナケスをつくり上げた。

念なことに、ピナケスという一二〇冊の目録は、焼失してしまってなにも残っていないようなんです。だから、「あった」ということだけが記録されている。僕なんかは、それを考えただけで、エジプトのピラミッドも素晴しいけれども、夢のように、ピナケス、というものを見たい！　と思うわけですね。そういう図書館というものがあることで、人の技術や考え方、工夫と発明が、たくさん生まれた。

もっと面白いなと思ったのが、アレキサンドリア図書館の館長だったエラトステネスという科学者がいたのですが、その人が生きていた紀元前三〇〇年頃というのは、地球は、真っ平らで、どこまでもずっとどこまでも真っ平らで、丸くはないと思われていたんですよね。それが、エラトステネスが図書館の中でペンを持ったときに、太陽の光が窓からパーッと入って、ペンの影ができた。そのペンの影を見て、彼は地球は丸いと気づくわけです。もうびっくりするわけですよね。それまで地球は真っ平らだと思っていたのが、鉛筆の影を見て、地球は丸い、と気づくのです、図書館の中でですよ。僕なんかそれを知っただけで、わくわくしちゃって。やっぱり、図書館なり、本の集まる場所というのは、いろんなことのきっかけになっているんだと思い

エラトステネス
（前二七六頃-前一九六頃）
ヘレニズム期ギリシアの地理学者、数学者。素数を見つける方法「エラトステネスのふるい」を案出。また地球の形を球体と考え、全周を推定した。

ますよね。

末盛○　本当にそうなんですよね。今日、お見せしようと思ったのは、自分が持っている絵葉書です。これは中世の写本の絵葉書だけです。実は若いとき、ヨーロッパに貧乏旅行をした際、絵葉書しか買わず、「おまえあのときさ、絵葉書しか買わなかったよね」って今だに友だちに言われるんですよね。そのとき確かに絵葉書しか買わなかったのだとは思いますが、こういう写本とかの絵葉書を見て、「世の中にこんなに美しいものがあるのか」と思ったんです。そしてそれが人の手によって書き写されて、グーテンベルグの印刷機が現れるまで、途切れることなく伝わってきたのだということは、本当に素敵な、というかロマンティックなことだと思います。あらゆる本が今だに残っているわけではないのに、どうした加減かでこれだけのものが残っているということですよね。

『ベリー公のいとも豪華なる時禱書』（六月）

ランブール兄弟

本は宝物

松浦○ やっぱり本というのは、基本的に人の手によって、深い愛情によってつくられる。本当に命を懸けて守らなくてはいけない貴重なものでもあったわけです。

ちょっとしたエピソードなんですけれども、チェコの絵本作家でサセックという方がいまして、彼は世界中を旅しながら、『ジス・イズ・パリ』（英題 *This is Paris*）とか『ジス・イズ・ニューヨーク』とか、旅先で、そこに滞在して、街の様子を旅人の視点で描いた本を出版していました。要は、ここはパリです、ここはニューヨークです、というような旅絵本をつくったわけです。僕は、それをロンドンに住んでいる友人の五歳の少年に、ある日、プレゼントしました。そのサセックの本というのは一九六〇年代に書かれたもので、今のロンドンに残っているものもたくさんあるのですけれども、やっぱり若干違うわけです。そして、しばらくしてその少年の家に訪れたのですが、その少年が、コピー用紙のような紙をホッチキスでとめて、今、彼が知って

ミロスラフ・サセック（一九一六-一九八〇）
チェコスロヴァキアの絵本作家。一九五九年に『ディス・イズ・パリ』を刊行。以後、一八冊に及ぶ「ディス・イズ」シリーズが発行された。

This is London
Miroslav Sasek

いるジス・イズ・ロンドンを手描きで描いてくれたんです。色鉛筆を使って。五歳の子の書いた「ジス・イズ・ロンドン」ですから、非常にシンプルだし、メッセージは少ないんですけれども、きちんとビックベンが描いてあったり。それを見たときに、絵本だったり、本というものはこういうもんだ、と思ったのです。自分が感動したものとか、自分が見たことを、好きな人にまず伝えたい。その少年は印刷技術はもっていないから、手もとにある紙で色鉛筆とペンを使って、僕にそれを教えてくれた。本というものは、本当に素晴しい。もちろん印刷されたものにたくさんいいものもあるし、素敵なものもあるけれども、本の原点というのはこういうことなんだろうな。末盛さんに今見せていただいた写本もそうだし、少年のパピルスの手紙も一緒なんですよね。だから、本の原点や素晴しさというのは、本当にこういうあたたかいものなんだと思い出しました。だから僕にとって、やっぱり宝物になるわけですよ。本当にノートの切れ端のようなものなんですけれども。本は、そう宝物。

末盛 五歳の少年の「ジス・イズ・ロンドン」が見たかったですね、本当に。私もずっとその「ジス・イズ」シリーズ、昔から気に入って『ジス・イズ・ヴェニス』とか『ジス・イズ・ローマ』とか持っているんですけれど。今の「ジス・イズ・ロンドン」はどうなっているのかなと思います。昔、私が初めて行った頃は、イギリスは貨幣が一〇進法ではなかったですね。それで、そのことをこの絵本の中でも面白く表現していました。今はどうなっているんですか。そのまま書いてあるんですか？

松浦○そうですね。基本そのままの翻訳で。最後で註釈をいれていますね。

末盛○あの貨幣感覚はすごく不思議でした。

松浦○はい、ですから本もそうだし、図書館というのが、アレキサンダー時代からずっと今まで、まぁヒルサイドテラスの中にもありますけれど。僕は本がたくさんあるところというのは、なにかとても自由な可能性がある。そう思うんですね。

末盛○ 今、ここの「ヒルサイドライブラリー」は、一〇〇人の人がそれぞれ一〇冊自分の気に入っている本を選んで、それが入っている図書館ですけれども、それを見るのもすごく楽しいですよね。

松浦○ 要は、一〇〇人の人が選んだ一〇の宝物を教えてくれているわけですから、そんな素晴しいことはないですよね。一〇〇〇個の宝物があるわけですからね。

末盛○ 宝物といえば、最近出会ったのですけれども、ベンヤミンに、「どんなささやかな本でもその持ち主にとって、運命の書になり得る」という言葉があるらしくて、私はそれはすごく素敵だなと思いました。

ヴァルター・ベンヤミン（一八九二-一九四〇）
ドイツの批評家、文学者。ユダヤ系。ユダヤ神秘思想とマルクス主義を背景とする独自の思想を展開。パリ陥落後、逃亡途中のピレネー山中で自殺。

松浦○　それが紀元前三〇〇年のときから現代までずっと、かたちが変わっても続いているんですよね。

末盛○　本当にそうですね。写本のことでいえば、『薔薇の名前』という映画を見たことがある方も多いと思うのですが、ショーン・コネリーのすごく素敵なポスターが気に入っていたので、息子たちが小さかった頃で、私ひとりで映画を見にいく時間がなかったので、息子たちを連れて映画に行こうと思っているんだけれど、と言ったら、隣に住んでいたアメリカ人の青年に「んー、いいけれど怖いよー」と言われました。本当に恐ろしい映画でしたけれども、あれは中世の写本の工房がメインのテーマになっている、ものすごく面白いサスペンスで、ウンベルト・エーコというイタリアの作家（学者）の小説をもとにしていて、小説も面白かったです。

映画『薔薇の名前』

ウンベルト・エーコによる小説をもとに一九八六年に製作されたフランス、イタリア、西ドイツ合作映画。ジャン・ジャック・アノー監督。

松浦○　僕が図書館ということで、はっと思った、もうひとつの話がありました。アメリカを旅行していたときに、東海岸で知りあった本屋さん。旅先で僕はまず一番最初に本屋さんを見つける。本屋さんというのは不思議なもので、そこの地域のいろんな情報が集まっていたり、キー・ステーションみたいになっているんのです。ですから、いい本屋さんを見つけるとちょっと安心するのです。で、旅先で知り合った本屋さんに、「他に本屋さんはないだろうか」と聞いたら、「いい本屋さんよりも面白い図書館がある」と言うんですね。「じゃ、ぜひそこに連れていって下さい」と言ったんです。

それは図書館といいつつ、一般の普通の人の家なんですよ。非常に読書好きなあるご婦人がいまして、そのご婦人——たぶん七〇歳くらいなんですけれども——が、自分は本が好きで、本がどんどんどんどん溜まっていっちゃう、そこで自分の家を開放して、図書館にしてしまう。私設図書館という。そこには、自分が読んで面白いと思う本しかないわけですよ。非常に偏っているわけですよね。それにも僕びっくりしまして。読書好きというのはわかるけれども、自分の家を図書館にしてしまうというのは素晴しいな、と。普通の部屋なんですが、いくつ部屋があって、本棚があって、それで自由に見て下さいっていう風になっていて、本当にびっくりしました。ショックを受けたんです。そのご婦人の方は、自分はこんなに本が好きで、こんなにいい本を集めてる、要は、分かち合いたい、なんですよね。分かち合いたい、見て下さいっていう精神に、感動しましたね。

末盛○　たぶん、私はこういうことが好きですよ、というのは人と人とのコミュニケーションで最高の喜びですよね。もうひとつは、自分は知らなかったけれど、相手の言葉を通して自分の中にあったものが開かれる、そういう喜び。そのふたつのことは、重要なポイントではないかな、と思います。

松浦○　彼女も同じようなことをおっしゃっていました。「どうしてこんなふうに開放するのか」と聞くと、「私はたくさん本を読んできて、でもこれ以上自分がなにを読めばいいのかわからない。でもここに来る人が、私にそれを教えてくれるんです」と言うのです。素晴しいですよね。人間の知恵の理想的なコミュニケーションですよね。それが、私設であろうと、図書館という本のある場所で行なわれる。さっき言ったように、人と人の出会いだったり、なにか発明の可能性を感じるんです。だから、本のある場所はすごい好き。本屋さんにいるのも一緒ですよ。

末盛 ○ そうですね。私は学生のとき、さっぱり勉強しないダメ学生だったんです。専攻が日本史だったので、専門の講義では、NHK大河ドラマの『篤姫』でやっているような、文久三年の島津久光の日記というのを、延々と聞かされて、あまりにも細かく詳しいもんだから、なにがなんだかまったくわからなくなったという記憶があります。でも、やっと今頃になって、その時代のことが、やっぱり本当に面白いと思えるようになって、年をとるのはよいものだと思ったりしております。

その授業とは別に、必修でとらなければならなかった東洋史の授業があったのですが、前嶋信次先生という有名な方が、学生がわかってもわからなくても、彼がどんなにシルクロード、西域のことが好きで好きでたまらないか、授業中、うっとりしてシルクロードの話をされるんですね。私そのとき初めて「学ぶ」ということは、こんなに幸せなことなんだ、と実感した記憶があるんです。個人的にはお話したことはないのですが、前嶋先生が亡くなられたときに、誰にも声もかけずにひとりでお葬式に行ったんです。前嶋先生を通して「知る喜び、学ぶ喜び」を教えられたと思うんです。

松浦○「学ぶ」ということは日常の中にたくさんありまして、それに気がつくか気がつかないか、自分がそれに興味をもつかもたないかでずいぶん違ってきますよね。何気なく時間を過ごしていると学べることも見落としてしまう。自分たちの生活、仕事の中には、たくさんそういう学ぶことがあって、その中に喜びがある、というのは、僕なんかも日々非常に感じますね。

前嶋信次（一九〇三－一九八三）
東京大学文学部東洋史学科卒業。東西交渉史、特にアラビア文化との関係を専攻。『玄奘三蔵史実西遊記』など著書多数。

末盛○ 前回、安野光雅さんに来ていただいて、お話しいただいたのですけれども、安野さんは「講演は絶対しないよ。だけど、アンデルセンの『即興詩人』の話だったらいいけれど」ということで引き受けていただきました。安野さんは「即興詩人の話をして下さい」と言ったら、どこにでも飛んでいくんじゃないかと思うほど（笑）、『即興詩人』、それも森鷗外訳の『即興詩人』に本当に心酔していらして。

松浦○ 自分の大好きな一冊の本があればそれだけで人生が楽しくなると思うのですけれども、末盛さんにとってその一冊ってなんですか。

末盛○ 私、いろんなものが好きなので、あっちこっち、あれもこれもって、そのとき必要なものを自分の本棚に並べていってしまって。だからとっちらかっているんです。どんなものがあるかは大体わかってはいるんですけれどもね。今すごく気に入って、はまっているのが、長田弘さんの『読むことは旅をすること――私の二〇世紀読書紀行』。こんな厚い本なのですが、本当に楽しいですね。

松浦○僕も長田さんの本はほとんど持っていると思うのですけれど、大好きですね。どれもがいいですね。

末盛○いいですよね。絵本の翻訳なんかでも、え、なんで私がこの本の出版社じゃなかったんだろうって思うほど羨ましい本を出していらっしゃるので。

松浦○僕も昔から長田さんのことが大好きで、自分が「暮しの手帖」の編集長になったとき、ぜひ文章書いていただきたい、と思って。それは、もう、夢に思っていたことなんですけれども。で、仕事を始めて一ヵ月くらい経って、チャンスが一度ありましたから、お願いしたんです。そしたら、今どうしても忙しくてできないと断られてしまったんです。それから何度かお願いしたんですけれども、やっぱりタイミングが悪くて。なかなかそれが実現しなかったんですけれど。でもいつかいつかと思ってますね、ずっと。

末盛○

長田さんが本に寄せる思い、そして作者に寄せる思いがすごくよく伝わってくる本ですよね。その本もそうですし、そして最近私が「これ！」と思う本はたいがい、あの方が翻訳しているようにさえ思います。

松浦○

長田さんが本の中でおっしゃっている、「いい街には必ずいい本屋がある」という言葉が僕は大好きで、それを頼りにして、僕なんかずっと旅をしているようなところがありましてね。だから、旅先に行くと必ず本屋を探すというのが僕のひとつの習慣になっているんです。

末盛○　アメリカを旅していたときのお話を少ししてください。

松浦○　若い頃にアメリカを旅行していたわけです。（末盛：今でも若いけれど（笑））若いからお金がないので、なんとか生活していかなくてはいけない。で、時間がたっぷりあったから、持っているお金というのは、やっぱり本につぎ込んでしまうわけですよ。それで本を買って、本を読む。一生懸命読むと、次のものが読みたくなるわけです。それで次のものを読むためにはどうすればいいかと思うんです。それで自分の周りを見回したら、生活道具はなにもなくて、読み終わった本だけがあったんですよ。それで、「じゃ、これを公園に行って、広げて置いてみよう」と思ったんです。そこにある本というのは、売ることを考えて選んだわけでなく、自分がもう大好きな本なんです。だから置いておくと、自己紹介しているようなことになるんです。自分の好きなものはこれですよ、と。そこで置いておくと、みんながそれをきっかけに話しかけてくれる。「お前なにやっているんだ」って。「いや本を売っています」「なんで本売っているんだ」「新しい本を読みたいから」って言うと、みんな面白がってくれて、みんなが、「じゃ、これ買う」って。「これ買うことによって、君が新しい本買えるんだ」って（笑）。自分は、今、いちおう本屋を営んでいますが、これこそが、今にいたる原点です。なるほど、自分が好きなものを並べることで、人とコミュニケーションがとれる。で、お互い、ちょっとだけうれしく、幸せになるわけです。本が売れることで、僕は新しい本が買える。そしてその人は、自分が読んでなかった、こいつが面白いといった本にチャレンジしてみようと思う。そういうやり取りがあったわけですよね、公園で。日本だとそんなことやっていると恥ずかしい感じもするし、笑われたりもするかもしれないけれども、アメリカって不思議と受け入れられる。誰も「こいつ変だな」と思わないわけです。もうひとつ、本がコミュニケーションのツールなので、そんなに悪い人には見えないわけです。見ている方もね。だから話しかけやすい。こんなちょっとしたことで、楽しいし、他人とこんなに共有できる。で、僕はそれを何日か続けていたのです。そうすると何日かたって、「面白かったよ」と言いにくるんですよ。「ああ、お前から買った文庫面白かったから、次これを買っていこうかな」ってことになってくるわけです。コミュニケーションがどんどん深くなって、拡がってゆくんですよ。それが、今、僕がやっている本屋のルーツだし、自分が仕事として選んでいいんだと信じられたことかなぁと思っていますね。

末盛○

私もかなり似てるかな、と思うのは、私の方は出版ですけれども、次の本を出すために今頑張っているみたいなところがありますよね。たいへんではありますけれども、人からあきれられるくらいに悲壮感がないんですよね。（笑）

松浦○

僕はすごく小さな本屋を営んでいますが、唯一、自分が守っていることは、アレキサンドリア図書館で目録をつくったカリマコスと同じで、とにかく読む、全部読むってことなんですよ。狭い店なんで、大して冊数はないのですけれども、とにかく自分が読んで「いい」と思った本だけを売る、というのを唯一のルールにしているんです。というのはどういうことかというと、八百屋さんや魚屋さんは、「これはどこでとれた野菜ですか」「これはどこでとれてどう料理したら美味しいですか」と聞かれたときに、応えられるのが当然じゃないですか。ここが本屋でありながら、「これはどんな本ですか」「どこが面白いですか」「これを読むのにどれくらい時間がかかりますか」ということまで答えたいなと思っています。答えてあげたいし。それが、自分がものを売るということ、本というものを人に届ける責任だと思っています。それが楽しいし。お客さんになにか質問されて、どきどきして下向くようじゃ、嫌なわけです。「どんどん質問して下さい。どんなものでも僕、答えたいから」っていうのが、僕の本屋の動機なんですよね。で、それはさっき言ったサンフランシスコの小さな公園で本を並べたことがその原点というかルーツです。それは僕の仕事のすべてのことに関係していて、今は「暮しの手帖」をやらせていただいているけれど、結局、僕は人とコミュニケーションとりたいからやっているということなんですよね。だから僕にとって宝物だった一冊の本が、それを生んでくれて、今の自分がいることの原点なんですよね。

沖仲仕の哲学者ホッファー

末盛○ サンフランシスコだったんですね、その松浦さんの大事件が行なわれたのは。サンフランシスコといえば、私がすごく好きなエリック・ホッファー——沖仲仕をしながら、本を読むことを生業にし、図書館で本を読むために、季節労働者として、カリフォルニアのあちこちを廻った「労働者の哲学者」といわれた方ですが、そこには本当に原点みたいなものがありますよね。彼は一つの町に図書館で本を読むために留まり、そこの本を読み終わったと思うと貨物列車の屋根なんかに乗って次の町に行ってしまうんです。そこでまた日雇い作業などをして、その宿舎に泊まり、フリーの時間は本だけを読んでいる。そして最後には大学で講義などもしたと思います。

松浦○「本を読む」というのは自分の内面との対話でもあるということを、僕はホッファーから学びましたね。僕も大好きな本でした。

エリック・ホッファー
（一九〇二‐一九八三）

アメリカの独学の社会哲学者。七歳で視力を失い、一五歳で奇跡的に回復。放浪し日雇い労働者として働きながら、図書館に通う。著書に『波戸場日記——労働と思索』など。

末盛 私も隣のヒルサイドライブラリーにホッファーを入れてあります。私がすごく気に入っている絵本で今日、松浦さんにご紹介したいのですけれど、この本ご存知でしょうか、長田さんが訳しておられる『バスラの図書館員』というのですけれども。バスラでこの前の戦争のときに、なんとかしてここの本を守らなければと思って、図書館員が一生懸命一所懸命本を運んで、避難させる話です。そして最後に、「自由のときが来るのを信じています。そのときがくるまで図書館の本は守られています」と書いてあるんですよね。さらに、「本を愛する人は未来への希望を捨てません」と書いてあるのがとても気に入っているんですけれども。この「バスラ」って、イラク戦争で大騒ぎだったバスラですけれども、そこは古代都市の「ウル」のすぐ近くなんですよね。あの粘土板やなんかで有名な。ウルがバスラの近くだって、私もこの前、知りました。アレキサンドリア図書館のことを調べていたら、「ウル」と「バスラ」が一緒のところに出てきて、「えーっ」と思ったんですけれどもね。

『バスラの図書館員——イラクで本当にあった話』

ジャネット・ウィンター作

松浦○　この絵本、素晴しい本ですね。アレキサンドリア図書館は全部燃えちゃうわけですよね。映画とか、いろんな本でも描かれていますが、シーザーが戦争で全部燃やしちゃう。きっとそのときにイラクの本と同じで、この本を守らなきゃ、この本を救い出さなきゃいけない、というのがあったと思うんですよね。人間っていうのはね、ものを生むし大切にするし、でも戦争で大切なものを失ってしまう。

末盛○　そうですね。調べていてわかったんですが、アイスキュロスという人の本、判明しているその人の著作の数というのは、九〇篇あったらしいですけれども、現存、今に伝えられているのが七篇しかない。ソフォクレスが一二三篇あったらしいんですけれども、これも七篇しかない。アリストファネスが四四篇は書いているはずだけれども、一一篇しかない。どういう具合かで、伝わらなかったものと伝わったものがある。写本というのは、一字一字、本当に美しい字で書き写すわけで、本当にたいへんな作業だと思います。

それから、どれくらいの数があったのかということを考えたときに、イギリスの愛書家で有名なリチャード・ベリーという人。夫が日本語に訳しているんですが、『フィロビブロン――書物への愛』という本が一三四五年に出されていて、彼は蔵書――それはさっきの羊皮紙のような写本なわけですけれども――を一五〇〇冊持っていたらしいんですね。その一五〇〇冊というのがどのような数だったかというと、一〇世紀にパリのクリュニーの修道院で持っていたのが五七〇冊。かなり多いと思いますけれども、そのベリーの一五〇〇冊から比べればかなり少ないですよね。だからそのように、彼が愛書家として有名だったんでしょうけど、全然単位が違うというほど集める人がいると思うと、力を尽くして、他の人が読めるために書き写す人がいる。どれだけの作業だったかと思います。

写本は、ほとんどは修道士の仕事として知られていると思いますけれども、一六世紀の初め頃に、一生の間に四〇冊もの旧約・新約聖書を写本したフランスの修道女がいました。たとえば聖書一冊書き写すというと、どれだけの量かと思いますよね。今の印刷の日本語の聖書だって、広辞苑みたいな厚さですよね。それなのに、自分ひとりだけがわかるように書き写すのではなく

リチャード・ド・ベリー（一二八七-一三四五）

イギリスの司教。大蔵大臣などを歴任。病により公的生活から遠ざかり、引退後は、情熱をもって収集した書物のカタログを制作した。

て、人が読めるように書くわけです。それってすごいことだなって。

松浦○我々が勉強のためになにかを写すんではなくて、読む人がいるということを想定して書く。先ほどの絵もそうだし美しいものを残そうというわけですから、それはもうたいへんですよね。

末盛○そういう人たちの恩恵で私たちが今、古典を読めているのですね。

松浦○今の我々がなにか知ることができたのはそういう人たちがいたからですものね。

末盛○松浦さんは、すごく小さい頃から、アレキサンドリア図書館に興味をもっていらっしゃったんですか？

松浦○ 僕、図書館とか本屋さんに、「本」も当然なんですけれども、なぜかすごく興味が湧いてきて、図書館とはいったいどういうものだったのか、そういったときに、必ずアレキサンドリア図書館というのが出てくる。いろんな物語があって。エジプトの文明は、本当に高度な文明ですよね。それが背後にあることに、本当にどきどきして。

日本でも、図書館というのは奈良時代に公家の人たちが初めて本を集めて、たしか「芸亭《うんてい》」とかいう初めてつくったものがあって、で、そこから始まって、まぁ道楽ですよね、日本の公家の。そしてその後は、明治時代に初めて公共的なものが広まってきますから、日本なんてちょっと最近のことなんですよね。

末盛○ 金沢文庫というものがあったとしても、それは一部の人にしか知られていないと思いますし。

芸亭（うんてい）
奈良時代末に有名な文人の大納言石上宅嗣が設けた書庫。日本最初の公開図書館とされる。

松浦〇　ちょっとしつこいようですけれども、アレキサンドリア図書館というものがあって、その中には莫大な貴重な本があって、その蔵書目録なりを編集をして人に伝えるための技術が、——それは今、すべてなくなってしまったのでそれを知る術はありませんけれども——文明のルーツみたいなものなんではないかと思うのです。情報を編集する、人間のもって生まれた知恵というのがあるのだと。残されてはいないけれども、いろいろな周辺の書籍をもって勉強して、古代エジプト文明というとちょっと大げさですけれども、それをちゃんと学んで、現在の自分の仕事なり、本屋に活かすことが、まぁかっこよく言えば自分の使命。過去にあったことを学んで、いかにそれを残していくかということですよね。それを僕は自分の一生の仕事として考えています。

本は希望を与える

末盛〇　エジプトのムバラク大統領夫人という方は、一八歳くらいのときに、子どもの教育というか、図書の普及が重要だということに目覚められたんです。そのときはまだご主人は一介の兵隊でした。それで、図書館司書の資格をとって、それからずっとＩＢＢＹという組織の仕事や、子どもたちに読書の教育をしています。そのうちご主人が大統領になられて、今のようにアレキサンドリア図書館の再興ということまでなさいました。

このように世界中のいろんなところで図書館をめぐっていろんな人たちが働いていると思うのですが、最後にご紹介したいのは、空襲とか難民とか、すごく不安な状況にいる子どもたちが、本に出会っているときだけ、すごく落ち着くというか、少し幸せでいられるということがあるようなんですね。世界中で戦争しているけれど、そんな中で子どもたちに希望をもってもらいたいと必死に働いている人たちがたくさんいます。その人たちはロバの背中や象の背中に本の入った袋をぶら下げて山の中まで行くんです。それって、小さな移動図書館です。そして少し違うでしょうけれど、松浦さんは移動本屋さんもしていらっしゃるのですね。あれは本当に素晴しいことですね。

そして、最後にご紹介しておきたいのが、先ほども出てきました *The Smithsonian Book of Books* の後半に、絵本のページがかなりとってあるの

スザンヌ・ムバラク（一九四一-）
現エジプト大統領夫人。ＩＢＢＹエジプト支部創設者で会長。児童図書普及活動に熱心で、ユネスコによる「寛容の本」賞選考の委員長もつとめる。

です。そして、その絵本のページの最初をめくると、はっと息をのむほど美しいセンダックの『かいじゅうたちのいるところ』の見開きページが出てくるのです。これは絵本に関わる者にとっては本当にうれしいことでした。アレキサンドリア図書館に始まる膨大な書物の歴史の中で、絵本にこれほどのページを割いて、しかも最も美しい図版を載せているんです。心から我が意を得たりと思いました。

勇気と好奇心——ピーター・シスの絵本を中心に

井の頭線で出会った若者

今日のテーマは「勇気と好奇心」。このセミナーシリーズの打ち合わせをしているときに、勢いで決めてしまったのですが、私が「勇気」という言葉を口にしたり、考えたりするときに、必ず、まず、最初に頭に浮かぶのが、私が大学一年のときに出会った若者のことです。

一九六〇年、安保闘争が日本中を巻き込んで、国会正面の上り坂は全部デモ隊に埋められていました。銀座を通って築地の方へいく晴海通りを――その頃、都電が通っていたと思いますが――いわゆる普通のデモではなく、「フランスデモ」で人が全部横に並んで手をつないで埋めつくして、ずっと歩いていった光景などが思い出されます。今でもあれはなかなか壮観だったなと思います。でも、私は関心がないのではないけれども、デモに行ったときに、いわゆるシュプレヒコールというのか、リーダーに従ってみんなで大声で「なんとかを返せ!」というように叫ぶのが、自分の気持ちとはちょっと違うような、あまりしっくりこないというところがあって、横目で見たりしていました。私の同級生の中には、日吉の学生集会などでアジ演説をしている友人もいました。

ある日、私はいつもと同じように、永福町へ英語を習いに行っていました。その帰りのことです。忘れもしない、六月ですから雨が降って、蒸し暑い夜でした。明大前で電車に乗ってきた白いワイシャツに普通の黒っぽいズボンを履いた若者が、新聞紙を広げたくらいの大きさの白い紙に、「国会前で学生が死にました。私はこれから国会に行きます」とだけ大きくサインペンで書いて、それを前の人に見えるように前に拡げたまま、私が下北沢で降りるまで座っていました。なにも言わずに。みんなびっくりしていました。

私は、「勇気」といったときに、いつでも私と同年代のその若者を思い出すのです。その人も「これから国会に行きます」というぐらいだから、私と同じノンポリだったと思うのですが、同じ年齢のような学生が亡くなったということで、いてもたってもいられなかった。しかも、自分が行くだけじゃなくて、自分はこのようにしますということを、あの電車の中で表現したということ、これは素晴しいことだったと思います。

もう二〇年近く前でしょうか、朝日新聞が「六〇年代安保とはなんだったのか」という特集を、何週間にもわたって毎日載せていたことがありました。そのとき「あなたにとって六〇年代安保というものはどういうものだったのか教えて下さい」という経験談の募集があり、ものすごくたくさんの人が応募するに違いないと思いながら、私はその井の頭線の中の若者の話を書いて出したのです。そしたら、載ったのです、朝日新聞に(笑)。私もびっくり仰天しましたけれど、子どもの友だちのお母さんとかに、「あなた朝日新聞に投書したでしょ！」と言われて、「見たんだぁ」と思って(笑)。あの井の頭線の中の青年だって、私と同じくらいの年齢で、いい加減、白髪になっているはずなんです。全然知らない人ですが、あの人はどうしてるのかな、と考えたりします。この間亡くなられた加藤周一さんが、「ああいうことは、社会正義に関わって働くことのできないことへの不満というものを、みんなが持っていたということではないか」ということを言っておられましたが、すごく納得するものがありました。

チェコのブルノー出身のピーター・シス

今日お話しするピーター・シスという絵本作家は、一九四九年にチェコスロバキアのブルノーという街で生まれました。ブルノーという街は、一九六八年に「プラハの春」として有名なチェコスロバキアの自由化運動のときに、最後

ピーター・シス
(一九四九-)
チェコスロヴァキア生まれの絵本作家。一九八二年にアメリカに移住。『星の使者』ほかでコルデコット賞次席を三度受賞。

プラハの春
一九六八年、知識人を中心に民主化運動が活発化。共産党政府もこれに応じた状況を指す。同年八月、ソ連などワルシャワ条約機構軍が軍事干渉を行い、弾圧された。

までロシアに抵抗して、地下放送を行なった町でした。これはまったく受け売りなのですが、加藤周一さんが亡くなられたときにNHKで再放送された加藤さんの昔のインタビュー番組で、ブルノーという町のこと、そして最後まで放送を続けた人のインタビューが出ていました。それを見たときに、「ピーター・シスは、絶対にブルノー出身に違いない！」と思って調べたのです。そして、やはりブルノーだったのです。そういう状況の中で育った少年だった彼が、コロンブスやガリレオ・ガリレイ、チャールズ・ダーウィンという、勇気をもって新しいことをしようとした人たちへのオマージュのような絵本をつくっているということが、本当に必然のような気がして、とても貴重なことだと思ったのです。ただ、ちょっと日本人には——日本人といってしまったら、よくないかもしれませんが、日本人好みの絵とは言いにくいかもしれません。

初期の作品に、*An Ocean World* という、陸で育った鯨が美しい海に帰っていくまでを描いた本があります。時代を先取りしていると思います。

Tibet という絵本は、日本ではまだ出てないと思いますが、ピーター・シスはお母さんが絵描きさんで、お父さんがドキュメンタリー映画をつくる人だったようです。お父さんがあるとき、中国から招かれて、というか、もうほとん

Tibet

Peter Sis

ど拉致されるというようなかたちで、突然自分たちの前からいなくなり、青海チベットハイウェイをつくっている人たちを撮影するようにといわれて連れていかれるのです。それから、杳《よう》として行方が知れなくなり、何年も不在だったらしいのです。そのお父さんと書いたのが『チベット』です。ポタラ宮の絵を見るだけでもたいへん美しい本だと思います。

Follow the Dream（邦題『夢を追いかけろ』）は、日本でもほるぷ出版から『夢を追いかけろ――クリストファー・コロンブスの物語』という題で出たと思いますが、今は絶版のようです。コロンブスが航海に出て行って、アメリカ大陸に着くところまでの話ですが、その当時、ヨーロッパの人たちはヨーロッパだけが世界で、ヨーロッパの終わりまでいくと壁があって、その後ろは水がざーっと落ちているんだとか、いろいろなことが言われていました。しかしコロンブスは違うと思って、それを確かめに出かけていった。ピーター・シスも、現代人なのに、子どもの頃、共産圏が世界のすべてで、その涯てには壁があると思っていたそうです。

ピーター・シスが育った頃のチェコスロバキアには、「プラハの春」がありました。私が忘れられないのは、ソ連に囲まれている東欧圏の中で、ひとりだけ、

青海チベットハイウェイ
二〇〇六年に全線開通した青海省・西寧からチベット・ラサまで一九五六キロメートルを結ぶ鉄道路線。

ポタラ宮
中国チベット、ラサ市にあるラマ教の寺院、宮殿。歴代ダライ・ラマの住居であり、宗教および政治の中心機構であった。現在は中国政府が接収し、博物館となっている。

Follow the Dream
Peter Sis

というか、チェコスロバキアだけが、自立して本当に自由にものを考えて、芸術や音楽の表現ができる世界にしようという自由化の機運がものすごく高まっていたことでした。ドプチェクという人が指導者だったと思いますが、東京オリンピックで素晴しい体操の選手だったチャスラフスカやザトペックというマラソンの選手たちが「二〇〇〇語宣言」にサインして、民主化を推し進めたのです。そのまま本当にうまくいくんだろうか、と思っていたら、あっという間にソ連に潰されてしまって、何十年か、そのままだったと思います。それからずっと年月が過ぎ、一九八九年のビロード革命のときにドプチェクがまだ生きていて、民主化デモが行われていたプラハに登場したことは感動的でした。同じように、ピーター・シスも共産圏の壁に囲まれて育ち、本当に不自由な生活をしていた。コロンブスと同じ思いで、この本を描いたのではないかと思います。

シスは一九八二年にチェコスロバキア政府から、二年後の冬季オリンピックの記録フィルムを作るために、アメリカのロサンゼルスに送りこまれました。ところがチェコスロバキアをはじめ全東欧圏の国がこのオリンピックをボイコットすることを決め、シスも当然帰国を命ぜられました。しかし、シスはアメリカに亡命を求め、受け入れられました。そして、モーリス・センダックと

二〇〇〇語宣言
市民社会側からの改革への支持、期待の表明であり、著名人が名を連ね、一週間足らずで三万人の署名が集まった。

の交流が彼を絵本の世界に招き入れ、一九八四年にたくさんの編集者たちのいるニューヨークに居を定めました。

科学者たちの勇気

『星の使者』は、日本語版が徳間書店から出ていますが、原題は*Starry Messenger*といいます。ガリレオ・ガリレイが望遠鏡を使って星を見ていたときに、この地球だけがすべてじゃないということに気がつきます。しかし当時のカトリック教会の教えと違うことを言ったために、本当に不遇な一生を過ごすのです。ローマというか、バチカンでしょうか、司教や枢機卿といった大ぜいの高官の前で尋問され、火あぶりにこそされなかったけれども、一生、自分の家に幽閉されてしまいました。一六三三年のことです。自分の家の中からだけ、望遠鏡で星を見ていた。それなのに一九八九年の木星探査機の名前は、「ガリレオ」と名付けられました。そして、一九九二年一〇月三一日、つい最近ですが、カトリック教会はやっと「ガリレオに罪はなかった」と宣言するんです。今頃、ガリレオに罪はなかったと言ったって、一瞬、「なにを今さら」と思い

『星の使者――ガリレオ・ガリレイ』

ピーター・シス文・絵

ますね。何百年も経っているのですから。しかし、日本人には、昔のことを今さら言っても仕様がないと考える傾向があると思いますが、ヨーロッパというか、キリスト教は、それが何百年経っていようと、間違いだったということを認める。何百年経っていようと権威者が自らの誤りを認めるということは、すごいことではないかと思います。最近の新聞には、ガリレオが病死だったのかどうかを検査もすると書いてありました。

この絵本は特に扉絵が美しいと思います。前の扉絵は、ガリレオが閉じ込められたアルテェトリの別荘の小さな窓から望遠鏡で星を見ていますが、後の扉絵はあきらかにニューヨークです。ニューヨークで、今でも誰かが、ビルの小さな窓から望遠鏡で星を見ている。今もガリレオのような人がいるということでしょうか。そのような人のつながりを描いていることが私はたいへん素敵だと思います。

『生命の樹』は、「進化論」のチャールズ・ダーウィンについての絵本です。彼の人生を本当に細かく描いています。美しく面白い本です。「生命の樹」とはよく聞きますけれど、この間たまたま、弟の舟越桂と科学者の中村桂子さんと鼎談したときに、ダーウィンの話になりました。中村さんが言われるには、

『生命の樹——チャールズ・ダーウィンの生涯』

ピーター・シス文・絵

ダーウィンが『種の起源』という本の中で、ただ一箇所、絵でしか表現できない箇所があり、それが生命が続くということを表現している樹のイメージだそうです。「進化論」で歴史を大きく転換させた学者が、その最も重要なことを絵でしか表現できなかったということはほとんど神秘的だと思います。今だにみんな「生命の樹」と言っているということでした。ダーウィンはあれほど革命的な論文を発表したにもかかわらず、学者として充分報われ、幸せに一生を終えたと言っていいと思います。二度も子どもに死なれるということを経験し、自らも病気がちでしたが、ウェッジウッドの娘である妻に守られて、穏やかに生涯を終えたと思います。ただ、ダーウィンは最も多く伝記の書かれた人と言われているようですが、彼の死後、伝記をめぐる家族の確執はたいへんだったようです。

ちょっと別な話ですが、ここで触れさせていただきたいことがあります。ダーウィンが『種の起源』で「進化論」を最初に発表したのが、ロンドンのリンネ協会というところです。リンネは生物の二名法分類学を創始した人です。ダーウィンも最初はもちろん、「進化論」を恐る恐る発表したので、誰かに代わりに発表してもらったというほどたいへんなことでした。日本の天皇陛下が、リ

リンネ協会
スウェーデンの博物学者カール・リンネが残した貴重な資料をもとに、一七八八年設立した自然史最古の学術組織。

ンネ協会外国会員になっておられて、リンネ生誕三〇〇年記念基調講演にリンネ協会に招かれたことがあります。二〇〇七年五月のことです。もちろん、科学者として招かれたわけです。そのとき、天皇陛下は、ダーウィンが「進化論」を発表したその場所でご自分もスピーチをなさるということを、科学者としてやはり大いなる感慨をもって臨まれ、最後の最後まで原稿に手を入れておられたということをお聞きしました。天皇陛下は、日本での科学の進歩について話をされたようで、日本の科学の進歩が、『解体新書』などをはじめとして、外国と交流することによって開かれていったということを先輩たちへの深い感謝と敬意をもってお話しになられた、ということです。これは素晴しいことだと思います。

ピーター・シスの話に戻りますが、この間デンマークのコペンハーゲンでIBBYの世界大会があったときに、彼に会いました。私自身は、もともとシスの仕事の態度に興味がありました。たまたま共通の友人がいたりして、シスの基調講演があるというのでそれを楽しみにしていたのです。けれども、ちょうどその時間帯に私が出なくてはいけない会議があり、「どういうこと?」と思いました。「ほとんどこれだけのために来たのに」と。そうしましたら、あと

天皇陛下の基調講演

講演内容は、『天皇陛下　化学を語る』(朝日新聞出版)に収録。宮内庁ホームページにも掲載。

でＩＢＢＹの事務局長が、「ピーター・シスがあなたに会いたいって言っているわよ」と言うので、それも「どういうこと？」って思ったのですけれど（笑）。どうやら、弟の桂の仕事に興味があり、誰かがそのことを話したのでしょう。近々日本に来るらしい、ということもあって、「ちょっと話がしたい」ということだったらしいのです。なにか必要があるかもしれないと思って、ちょうどそのときに持っていた弟の展覧会の小さな図録をプレゼントしました。そして、日本に帰ってきたら、ある日、美しい封筒が届いたのです。小さなエッチングが美しいアネモネ色の封筒に入っていました。宛先などあまりにもきれいに書いてあるので、最初、印刷したダイレクトメールかと思ったくらいですが、よくよく見たらピーター・シスのハンドライティングで、彼から送られてきたものでした。「これはたいへん！」と。あんまり美しいので額縁にいれようと思っています。非常に綿密な細かいエッチングの仕事をしている人です。そして自分の子どもを本当に大事にしていて、その子どもたちにわかるように、自分のすべてを伝えたいと思って仕事をしている、という印象を受けました。

先の『チベット』の絵本でお話ししたように、彼は自分のお父さんがどこに行ったかまったくわからなかったわけですね。そして帰ってきた。ピーター・

シスのお話は、空想と現実とがものすごく入り乱れているので、チベットのお父さんの話と、お父さんが帰ってきたときの話というのが、どういうふうな関係にあるのかというのは、実際にはなかなかわかりません。『チベット』という本が日本語で出版されたら、ちゃんと読みたいと思っているのですけれども。ピーター・シスは、自由を求めてチェコから逃れ、アメリカに来てアニメーションの仕事などをして、そこで「勇気」というものについての絵本を描き続けている人、と言っていいと思います。

アメリカの勇気の歴史

自由を求めてアメリカに渡ったシスのような人がいる、ということをお話しようと思ったときに、ちょうどアメリカは大統領選挙でした。私は、主人があきれるくらいに、選挙の行方がどうなることかと思っていました。オバマさんは大統領になったけれども、これからどれほどたいへんだろうかと思います。しかも最悪な状態で手渡された、それもアメリカだけではなくて、世界中を手渡されたようなものです。

私が若い頃、アメリカで有名なキング牧師が中心になって、南部でバスをボイコットするということがありました。あれも本当に勇気のあることだったと思います。黒人の席と白人の席を分けるという差別があったために、黒人の女性が始めたボイコットで、それが全米に広がり、何十日、何ヵ月とバスに乗らないで職場まで歩くということをやり遂げたのです。そしてワシントンで、全米から集まった人たちを前にして、キング牧師が、あの有名な「I have a Dream（私には夢がある）」という演説をするようになっていきます。「I have a Dream」の後に続くのは、「いつか自分の子どもたちが、肌の色ではなく人格そのものによって判断される国に住めるようになることを、自分は夢見ている」という名演説でした。

考えてみれば、今回のオバマさんだってそうだし、特にオバマさんの奥さんは何代か前は奴隷だったと思います。そういう人が大統領になるという、私が生きている間にこういう時代がくるということは想像もしていませんでした。そういう興奮がありました。私はアメリカ人ではないけれども、やはりアメリカに、そういう建国本来の健康さというか、なにかそういうものを今回感じました。特に私が感動的だと思ったのは、たくさんの白人の人たちが本当に感激

マーティン・ルーサー・キング・ジュニア（一九二九－一九六八）

アメリカ人の牧師、公民権運動の指導者。人種差別に非暴力で抵抗した。一九六四年ノーベル平和賞受賞。脱獄囚によって暗殺。

して涙を流していたことです。そこには自分たちの国は本当はこのような国であるはずだったという喜びが感じられたように思います。でも、大統領になったときはどれほどたいへんかと思うと、選挙に当選したらいいけれど、入ったら入ったでたいへんだ、とも思っていました。もちろんご本人はそんなこと百も承知、覚悟の上でしょうけれど。そういうことが彼の姿に気品として現れているのだと思います。

Abraham Lincoln という絵本もあります。すごく古い本なのですが、とてもいい、きれいな本です。ニューヨークの古本屋さんで買ったのですが、リンカーンの少年時代を描いています。彼が丸太小屋で育ち、青年になっていく。そして街に出ていって、奴隷と馬や家畜を一緒にせり売りしている場面に出会います。アフリカから黒人を拉致して、というより、ほとんど「捕獲」して、ヨーロッパやアメリカに奴隷として売っていくときに、イギリスのリヴァプールが、黒人を積み出す一大集積地だったのですね。その町からやがてビートルズが出てきたというのは、あながち偶然ではなかっただろうと思います。なにか歴史的な必然のような気がします。

この『エイブラハム・リンカーン』の日本語版が、なんと昭和二五年に日本

エイブラハム・リンカーン（一八〇九‐一八六五）

第一六代アメリカ合衆国大統領。初の共和党所属大統領。奴隷制を解放し、民主主義を体現した人物として評価される。南北戦争後、暗殺。

『エブラハム・リンカーン』

イングリ・ドオレーア、エドガー・パーリン・ドオレーア作

で出版されていて、先日このセミナーにも参加してくれている同級生にもらい、本当に驚きました。非常に良く出来ていますし、訳を、光吉夏弥さんという「おさるのジョージ」シリーズなどを訳した人が手がけているのですね。これは、戦後、アメリカが民主主義を日本で教育しようとしてつくったのかな、と思うのですが、その頃の印刷技術は、まだオフセットではないし、本の大きさも違います。また、日本語の本と英語の本だと、縦書きと横書きですから、開くのも逆からいきますね。だから、ページによっては絵が逆になっていたりするのです。この前、私のところに来てくれる印刷屋さんと話したのですが、日本語版はたぶん英語版をもとにして、日本語のために描き直していると思う、というのですね。今、どういう経緯でこの日本語版ができたのかを調べようと思っています。

アメリカの建国を記念してできた絵本 *We the People* もあります。「私たち人民は」という憲法前文の冒頭の言葉が書名になっているアメリカ憲法成立のお話です。憲法の前文はたった三行なのですが、それだけを使って本当に細かく、いろんな状況を絵にして、その時代の人たちと今の人たちとを描いています。素晴しい本になっていると思います。また絵本作家として非常に有名なトミー・デ・パオラが描いた、『合衆国憲法ができるまで』（英題 *Shh! We're Writing the Constitution*）という本もあります。原題の「憲法を書いているんだから」というのが、アメリカという国の根っこという感じがします。たった一三州で、本当に少ない人口で、アメリカ合衆国ができていったという、その意味で、本当に素晴しい歴史だったと思います。そのことを、今回の選挙のときにもう一度、たくさんの人が考えたのではないかと思います。

先ほどご紹介したキング牧師のマーチ・オン・ワシントンでは、ワシントンのリンカーン・センターの前の大きな堀に面した広場に、立錐の余地もないほど人が集まりました。そこで人々はキング牧師の「I have a Dream」を聞いたわけですが、私の夫もマーチ・オン・ワシントンに参加したらしいのです。中世のキリスト教神学などを勉強しているような学者なのですが、そのときちょうどアメリカにいたのです。彼がいろいろ理屈っぽいことを言ったりするときに「なんでこんなくだらないことで頑張るのだろう」と思うことはあるのですが、「あ、でもこの人マーチ・オン・ワシントンに参加したんだわ」と思うと許せることがあって（笑）。そういうことって、日々の生活の中でみんなあるじゃないですか。男の人って、なんだかくだらないことで、意地張った

Shh! We're Writing the Constitution
『合衆国憲法ができるまで』
ジーン・フリッツ著、トミー・デ・パオラ絵

マーチ・オン・ワシントン
一九六三年八月二八日、ワシントンDCで行われた人種差別撤廃を求めるデモ。人種差別や人種隔離の撤廃を求める二〇万人以上が集まり、公民権運動は最高潮に達した。

りするものだから。まぁ、女もそうかもしれませんけれどね。最近、ワシントンに住んでいる主人の姪からクリスマスカードがきたときに、「こうこうこうで、彼がマーチ・オン・ワシントンに参加していたって知っていた？」と書いたら、彼自身の姪なのに、もうびっくりして、「親戚中の誰も知らないと思う」と言っていました。

ゲバラとカストロ

ここで話はいきなりキューバにいきまして、『モーター・サイクル・ダイアリーズ』。私は映画しか見ていないのですけれども、私のところで働いていた若いお嬢さんから「すごくよかったですよ」とすすめられて、恵比寿の映画館で最終日の最終回に本当に滑り込んで観たのです。それは実に素晴しい映画でした。喘息もちの若い美男子の医学生ゲバラが、友だちとモーターサイクル——本当にポンコツのオートバイで、いつ壊れるかというような代物で、実際に何回も壊れるんですけれども——に乗って、あの広大な南米を旅していく。その間に、本当に貧しい人たちに出会い、最後には、とても長い時間をハンセン氏病の人

映画『モーター・サイクル・ダイアリーズ』
革命家チェ・ゲバラの若き日の南米旅行の著作をもとにした、二〇〇三年製作のアメリカ、イギリス合作の映画。ウォルター・サレス監督。

チェ・ゲバラ（一九二八 - 一九六七）
アルゼンチン生まれの革命家。キューバ革命のゲリラ指導者であり、その思想、生涯は、若者を中心に世界中から熱狂的に迎えられた。ボリビアで捕虜になり殺害された。

たちが隔離されているアマゾン河の中洲の島で過ごすのです。一緒に旅行した相手も医者ですから、そこにしばらく滞在して、その虐げられている人々に心を寄せることで、ゲバラはゲバラになっていったのだと思いました。あくまでも弱者のそばにいるのです。急にゲバラになるのではなくて、若い頃からそういう優しい人だったのだと思いました。私が忘れられないのは、出発するときに、お母さんが喘息もちの息子を本当に心配して送り出すシーンです。そして映画のよさということでいうと、パタゴニア山脈でしょうか、映画なのに「しばらく景色を見ていたいからちょっとここでとまって」と言いたいくらいでした。素晴しかったと思います。そして南米の広大さ。

私は、たまたまＩＢＢＹの会議がキューバであって、何年か前にキューバに行きました。そのときには、ヨーロッパの共産圏は崩壊して、キューバだけが共産国として存続しているという状況でしたので、なんとも不思議な感じでした。きっと昔はきれいな西洋風のお屋敷だったようなところも、手入れが行き届かなくて、ぼろぼろになっていたりするのですけれど、物乞いというかホームレスのような人がいないのです。その代わり、街の中に、音楽をやって歌を歌う人とか、似顔絵を描いてお金を稼ぐ人が多いのです。旅行者が歩いていると、頼みもしないのに似顔絵を描いて、「これあんた」って。似てるのですが、「いやね、こんななの」って(笑)。でも、「もし私がこれを買わなかったら、この私の醜い似顔絵はどこにいくんだろう」と思って、一、二枚は買いましたけれども。すごくおかしかったですね、みんなで笑い合って。「あんたどういうふうに描かれたの?」って。

もうひとつ余談かもしれませんけれども、ゲバラとカストロは、結局袂を分かつのですが、「カストロってやはりすごい人だな」と私が思ったのは、共産圏の国に行くと、そのときの権力者の大きな肖像がやたらとあるのですが、キューバにはカストロの肖像というのが一切ないのですね。そしてゲバラの肖像がいたるところにあるんです。ゲバラが象徴的な人物だというのはあるのだとは思いますが、カストロは自己顕示欲の塊みたいな人かと思っていたのですけれども、それが必ずしもそうではなくて、滞在中一度もカストロの写真が掲げられているのは見ませんでした。その様子を見たときに、あのひげのおじさんはたいした人だと思いました。

フィデル・カストロ(一九二六-)
キューバの政治家。社会主義革命の指導者。ゲリラ戦によって一九五九年にバティスタ政権を倒し、首相に就任。二〇〇八年高齢を理由に退任。

表現する勇気と孤独

絵本ではありませんが、『アルケミスト――夢を旅した少年』というとても好きな小説がありまして、ぜひおすすめしたいと思います。勇気と好奇心のかたまりのような少年の話です。少年が自分の運命に出会っていくお話です。世界中で大ベストセラーになったブラジルのパウロ・コエーリョの作品で、一九八八年に出版されたものです。スペインのアンダルシアの羊飼いのサンチャゴが宝物を探しにジブラルタル海峡を渡ってタンジールからエジプトのピラミッドまで行き、自分の心に耳を傾け、人生のあらゆる局面にばらまかれている困難の中にひそむ不思議な予兆を読み解き、信じられないほど劇的に旅を終えるのです。

また、勇気と好奇心といったことを考えたとき、「なにかを表現する」ということを思いました。勇気と好奇心とは、今まで人が表現しなかったことを表現するということなのではないかと思います。たとえば、「女性の生き方を考える」の回でお話したジョージア・オキーフというアメリカの絵描きさんは、*One Hundred Flowers*（邦題『オキーフ　ワンハンドレッド・フラワーズ』）とい

One Hundred Flowers
『オキーフ　ワンハンドレッド・フラワーズ』
ニコラス・キャラウェイ著

う一〇〇枚のお花の絵の画集を出しましたが、こんなにすごみのあるお花の絵を描く人はいないと思います。ものすごく怖そうだけれども、ものすごく美しいおばあさんだと思います。絵があまりにディテールにわたって描かれていて、それを非常にセクシーな表現ではないかと批判する人もいるようです。彼女は一笑に付して「ふんっ」と言ったそうですが、確かに、ギョッとするような絵もないわけではないですけれども、「結局、生きものってそういうものなんだ」と思わざるを得ないような気がします。常識にとらわれない方法で絵を描く、お花を描くということ、それもまた好奇心と勇気をもって表現することだろうと思います。その意味では、いろいろな人たちが、仕事をするときに、私はこのようなものを美しいと思いますよ、と自分に忠実に表現しているのだろうと思います。

遠藤周作さんの『沈黙』という小説は、キリシタンの神父であって、踏み絵を踏んでキリスト教を捨てる人を書いた話です。今でこそ『沈黙』というのは彼の代表作として世界中で読まれているわけですが、この小説が出るまではそのテーマはタブーだったと思うのです。だからこの小説を書くというとき、遠藤さんは、先ほどのガリレオ・ガリレイではないですけれども、破門といったことまで覚悟していらしたのではないかと思います。フェレイラ、日本名を沢野忠庵という人に関する興味を彼がもち始めて、『沈黙』を書き上げる前だと思いますが、いろいろなところでその人の話をしていたそうです。そして、どこかの女子大で話し終わったときに、女子学生が近寄ってきて、「私は沢野忠庵の子孫です」と言ったらしいのです。それがひとつの大きなきっかけとなって、遠藤さんは『沈黙』を書き上げたのではないかと思います。「隠れキリシタン」と一口に言いますけれども、殉教者がたくさんいるとしても、結局はほとんどの人は「隠れキリシタン」として末裔が生き残ってきた——そのことについて、遠藤さんは書きたかったのだろうと思います。

まったく違う分野ですが、新幹線をつくった島秀雄氏という方がいらっしゃいます。私がIBBYやJBBYで親しい島多代さんのご主人のお父上ですが、厚くて高い本ではありますが『島秀雄の世界旅行　一九三六‐一九三七』という本が先ごろ出版されました。ものすごく面白い本でした。一九三六年から一九三七年にかけて二年間にわたって、国鉄から派遣されて世界中の鉄道を見て回る旅をするのです。アフリカから南米まで、本当に世界中の鉄道を調べて歩くのです。写真や地図や旅行案内が満載で、とても楽しく、鉄道少年には絶対おすすめです。私のように鉄道少年でなくとも本当に楽しめました。少年の

島秀雄
（一九〇一‐一九九八）
国鉄技師長。貨物用蒸気機関車D51形の設計に関与し、新幹線計画の実現に大きく貢献した。国鉄退職後は、宇宙開発事業団でロケット開発にも携わった。

ような好奇心を持っておられたのだと思います。

私はこれを読むまで知らなかったのですけれども、新幹線がなぜ速く走れるのかご存知でしたか。先頭の車両が引っ張るのではなくて、全部の車両にモーターがついていて、ムカデのように全部の車両が一緒に走るから速いのだそうです。島さんは、この新幹線の発想を、オランダで運河沿いを走る電車を対岸から見ていたときに得たということでした。それが何十年か経って、新幹線になった。これこそ勇気と好奇心の賜物といえる、と思います。

先ほどビートルズの話に少し触れましたけれども、ビートルズもまた勇気ある表現者たちでした。その少し前、パット・ブーンという人がいて、私はパット・ブーン派でした（笑）。パット・ブーンとプレスリーが二大ビッグ。ちょっと遅れて来たのがビートルズでしょうか。私は、ビートルズについては「うるさい音楽だなぁ」と思っていたのですが、『レット・イット・ビー』の歌詞を友人に読まされたときに、「えっ」と驚いた記憶があります。それほどビートルズについては無知でした。一九六六年に、アメリカからヨーロッパに旅行したときに、夜行列車の客室で隣に座ったイタリア人の家族の子どもたちが、一生懸命に私を喜ばせようとして、大声張り上げて歌ってくれて、どこかで聴い

パット・ブーン
（一九三四-）
アメリカのポピュラー歌手。一九五〇年代、折り目正しい優等生的なイメージで人気を博した。

エルヴィス・プレスリー
（一九三五-一九七七）
アメリカのロック歌手。世界中の若者に熱狂的に迎えられ、甘い歌声のバラードで万人に愛された。

たことあるなぁと思って、ずっと経ってから、「あれは『イエロー・サブマリン』だったんだ」と思ったのですけれどもね。そういう時代でした。彼らは大きく、時代の舵を切った人たちだったと思います。

映画監督のデヴィッド・リーンが私は好きなんです。『アラビアのロレンス』とか『ライアンの娘』といった作品があります。『ライアンの娘』というのは特に忘れられません。『ドクトル・ジバゴ』もいいですよね。デヴィッド・リーンが、「自分は人生とか愛とかが、こういうことではないか、と思うことを表現したくて映画をつくっている」と語るのを、テレビのインタビューで聞きました。忘れられない言葉です。そして、「もしかしたら私はひどく間違っているかもしれないけれど、他の人は自分と同じように考えないかもしれないというふうに考え始めたら、なにも表現できない、なにも映画がつくれない」と言っていました。先ほどの遠藤周作さんもそうですが、好奇心と勇気、そして表現するということ――、そこにはたいへんな孤独が伴うことだろうと思います。『アラビアのロレンス』では、ロレンスがらくだに乗って、ものすごい軍隊を率いて砂漠をワーッと走るところがあるのですが、その場面は撮影の最後の最後までとっておいて、最後に撮影したそうです。主役のピーター・オトゥー

デヴィッド・リーン（一九〇八‐一九九一年）
イギリスを代表する映画監督。『アラビアのロレンス』『戦場にかける橋』でアカデミー監督賞受賞。

ルがそこで怪我してしまったら、他のところが撮れなくなるって（笑）。表現するということのためには、そこまで冷酷というか、厳しくならなければならないのかと思った記憶があります。

若い方はご存じないかもしれませんが、一九八〇年代、アフリカのエチオピアの飢饉のときに、イギリスやアイルランドのロックスターたちが主になって「バンドエイド」というバンドをつくり、*Do They Know It's Christmas?* という歌を歌って、世界中ではやらせて、そのお金をアフリカの難民のために使うという非常に大きな社会プロジェクトがありました。ずいぶんいろいろな人が出ていたのですけれども、これもまた、好奇心と勇気と、表現することの中にあるのではないかと思います。

私の父が、ダミアン神父の像を繰り返し彫刻にしています。ダミアン神父は、ハワイのモロカイ島でハンセン氏病の患者のお世話をしていましたが、いつでも患者の人に対して、「あなたたち癩者は」としか言えないことをすごく心苦しく思っていたらしいのですね。それがついに彼自身も癩病にかかって、「これで『私たち癩者は』と言える」と言ったということがありました。父はこのことにたいへん感銘を受け、ダミアン神父が若いときの姿よりも、癩者になっ

バンド・エイド
イギリスとアイルランドのロック、ポップス界のスーパースターが集まって結成されたチャリティ・プロジェクト。

ダミアン神父
（一八四〇‐一八八九）
ベルギー出身のカトリック司祭。ハンセン病患者たちのケアに生涯をささげ、自らもハンセン病で命を落とした。

て「私たち癩者は」と言っているときの姿の方が美しい、と言っていました。それでも、ダミアン神父は、自分が癩病になった姿を、母親だけには見せたくない、と言ったそうです。先ほど、ゲバラをとても心配して送り出したお母さんのことをお話ししましたが、その後のゲバラの人生を考えますと、あのお母さんはどうしたかしら、と思います。

私の弟の桂は——最近はあまり言われなくなりましたが、昔はよく「あの方はお兄さんですか」と聞かれて、「残念ながら弟です」と言っていました（笑）——、最初の頃は、本当に丹精な静かな作品をつくっていましたが、最近は一瞬ぎょっとするようなスフィンクスをつくっております。男性であり、女性でもある、という不思議な彫刻です。でも彼の中ではそれは自然なことで、自分の好奇心と勇気とそして表現することがひとつになっているのだと思うのです。私は特に「戦争を見るスフィンクス」という、本当に悲しそうな目をしたスフィンクスが好きなのですが。彼はあまり感じないのかも知れませんが、表現することの孤独があるのだろうと思いました。

岡真理さんという方の『アラブ、祈りとしての文学』という本があります。その中にとても素晴しい言葉がありました。あるパレスチナの作家が「自分たちが書かなければ物語は敵のものになってしまうのよ」と言ったのだそうです。それはすごいことだな、と思います。それこそ表現することの勇気と孤独だろうと思います。その本の中で紹介されているのですが、アウシュビッツから奇跡的に生還したイタリアの化学者・作家であるプリーモ・レーヴィという人は、「最も恐ろしいのは、人間が生きながら人間でなくなってしまうことだ」と語り、彼がダンテの『神曲』を語り聞かせると、「それを聞いた親友が一瞬生の輝きを取り戻す。友は死を免れなかったが、『神曲』はふたりにとって、魂の滋養になったはずだ。人が人であるために。人間性の壊死をとめるために」と語っています。

編集者の好奇心

「編集者」と呼ばれる人たちも、どこかで、多かれ少なかれ、勇気と好奇心、表現すること、あるいは表現させることに魅せられた人たちだと思います。

トム・マシュラーという、一一人ものノーベル賞作家を手がけてきたイギリスの辣腕の編集者がおります。ガルシア・マルケス、エドナ・オブライエンな

トム・マシュラー（一九三三-）
ドイツ生まれの出版人。ナチスの迫害を逃れイギリスに亡命。出版を手がけた一一人がノーベル文学賞を受賞し、イギリスの文学賞であるブッカー賞の創設にもたずさわった。

ども彼が手がけています。『パブリッシャー――出版に恋をした男』という自伝を出しており、彼はユダヤ人だと思いますが、小さいときにドイツからイギリスに逃れて、お父さんが編集者で、自分も大きくなって編集者になった、と書いています。彼は、自分のオフィスの隣に事務所を構えていたデザイナー、ジョン・バーニンガムと知り合い、それまで絵本には全然興味がなかったのに、バーニンガムを世界屈指の絵本作家に育ててしまいました。私の出しているる『ちいさな天使と兵隊さん』や、「クリスマスの絵本」の回で私がすごく好きだとご紹介した『聖なる夜に』を描いたピーター・コリントンも、彼の手になる絵本作家です。ジョン・バーニンガムとトム・マシュラーが出会ったことで、バーニンガムは偉大な絵本作家になるし、マシュラーもすっかり絵本の編集者になってしまったのです。マシュラーは、ボローニャのブックフェアでも大きな存在ですし、姿かたちも、そして声にしても大きい人です。イギリス人で「どこから声を出しているんだろう」と思うようなスノッブな話し方をする男の人っているじゃないですか。そういう話し方をする人です。でも結構親切な人で、私がピーター・コリントンの本を出していることもあって、何回か話したこともあります。

ジョン・バーニンガム（一九三六-）

イギリスの絵本作家。一九六四年初めて手がけた絵本『ボルカ』でケイト・グリーナウェイ賞を受賞。その後『ガンピーさんのふなあそび』で再度受賞。

何年か前、ボローニャでブックフェアの会場に行くときに、会場までちょっと離れているのでタクシーに乗ろうと並んでいました。私の何人か前にトム・マシュラーがいるなぁとは思っていたのですけれども、「あんたブックフェアに行くんだよね。一緒に乗ろうよ」と。着くまでに二〇分くらいあっていろいろな話をしたのですが、「こういう本を出したんだ。日本でも出すことになったんだけれど。でも、『パブリッシャー』というタイトルの本、読みたい人がいるかね」と言うから、「そりゃいるでしょう。私だって読みたいわ」と言ったら、「おお！ そうか！」と。そういうおじさんでした。カナダの出版社の女社長に言わせると、「あれは化け物だから」と。それもわかるような気がしますね。だって一一人ものノーベル賞作家を相手にしてきたわけですから。でもどこか純情なところがあるのですね。だからこそ、ジョン・バーニンガムの絵本をつくったのだろうし、ピーター・コリントンの作品を大切に大切にしただろうし。私は行けなかったのですけれども、日本でも二〇〇八年に講演会があったようです。

なんだかまとまりのない話になってしまいましたけれど、好奇心と勇気があらゆる表現の原点にあるような気がします。

友情について

恋と友情

おはようございます。今回が最後だと思ったら、鬼の霍乱で風邪を引いてしまいました（笑）。よろしくお願いします。「友情について」とは、かなり大げさな題かも知れませんが、それを最終回に選ばせていただきました。

友情に関わる本はいろいろありますが、まずは、『ちいさな天使と兵隊さん』という本を紹介したいと思います。この本と出会ったのは、イギリスの出版社の日本支社です。本がたくさんある倉庫のようなところで、「うちのこれだけの本の中から、あなたが出版してくれる本、気に入った本はないの？」となじみの編集者に聞かれたのですが、相手が推薦する目玉の本は、私、全然好きじゃなくて、最後に見つけた、一番下にあった本が、この本でした。本当の「掘り出しもの」です。前回お話したトム・マシュラーも同じ本を見つけ、この作者を気に入ったそうです。『聖なる夜に』を描いたピーター・コリントンの本です。

お話は、女の子が夜寝るとき、枕元に小さな天使と小さな兵隊さんのお人形を置いているところから始まります。女の子が寝てしまった後で、小さな海賊の親分がやってきて、女の子の豚の貯金箱を盗ろうとします。それに気がつい

『ちいさな天使と兵隊さん』
ピーター・コリントン著

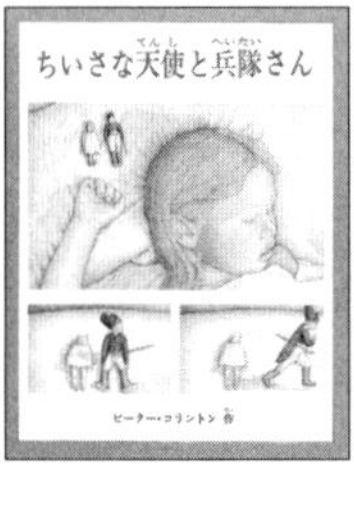

た小さな兵隊さんが、勇敢にもその海賊を退治しようとする。そして、それに気がついた小さな天使が、一生懸命兵隊さんを助けようとする。すごくかわいらしいお話です。これは、子どもの本というよりも、たいへんいいラブストーリーだな、と思いました。

私が常々、現代の若者たちはたいへんではないかなと思うことは、素晴しいラブストーリーに、あまり出会っていないのではないか、ということです。それは人生にとってかなり大切なことではないか、と思うのです。自分の人生を賭けるほどのこととして、みんながラブストーリーを考えているのだろうか、と思います。

もうひとつは、これも私のところから出している本で恐縮なのですが、『フランチェスコ』。アッシジのフランチェスコの本ですが、これは『パシュラル先生』を出したはらだたけひでさんの本で、とてもよくできていると思います。アッシジの豪商の息子で、ぐうたらな生活をしていたフランチェスコが、戦争から帰ってきて、はちゃめちゃな生活をしているときに神の声を聞いて、それ以来、自分の人生を思い直して、自分の仲間とともに、本当になにも持たない、太陽と月と星と、そういうものだけを友にして生きていく道を選ぶという話で

『フランチェスコ』
はらだたけひで作・絵

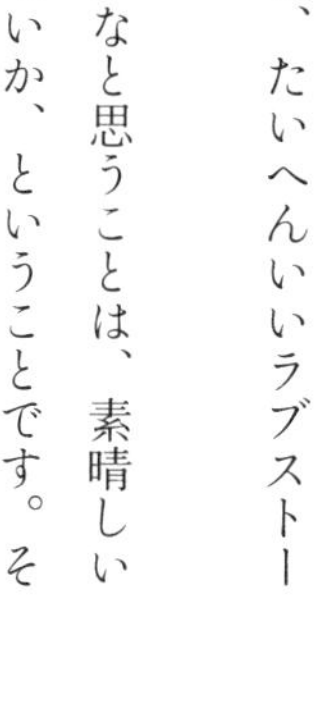

アッシジのフランチェスコ
九四頁参照

はらだたけひで（一九五四-）
絵本作家。岩波ホール（東京神田神保町）で、映画の宣伝、企画を担当しながら、絵本の創作活動を続ける。

すが、フィクションではなく、実際の歴史的な事実です。そのとき、彼の生き方にたいへん共鳴した若者たちが、大勢ついていくのですが、その中にクララというたいへん美しい娘さんがいました。クララは、女の子だし、一緒に行くわけにはいかないので、「クララ会」という女性の修道会をつくり、仲間を集めて、貧しい人のために祈りの生活を始めます。

*Brother Sun, Sister Moon*という絵本もあります。昔、同名の『ブラザー・サン・シスター・ムーン』という美しい映画がありました。ジョン・デンバーがテーマソングを歌っていたと思います。

昔、あれは一九六六年でしたか——どうも私はねじの狂った時計のようにいつも一九六六年の話しかしないようなのですけれど——初めてヨーロッパに行ったときに、ユースホテルなどを泊まり歩いて旅行しましたが、そのときにアッシジに行きました。そこでフランチェスコの教会を見て、クララのほうの教会も見たのです。人がぞろぞろ階段を降りていって、階段の下にクララのお墓があるらしいというので、ついていったのです。お墓の前でお祈りするくらいのつもりで階段を降りていったのですが、あと二、三人というところで、驚いて、帰ろうか、と思いました。どうしてかというと、濃茶の修道服と肌の色

Brother Sun, Sister Moon

Margaret Mayo, Peter Malone (Illust)

映画『ブラザー・サン・シスター・ムーン』

一九七二年製作のイタリア・イギリスの合作映画。フランコ・ゼフィレッリ監督。

ジョン・デンバー（一九四三-一九九七年）

一九七〇年代のフォークソングを代表するアメリカのシンガーソングライター。『カントリー・ロード』

が見分けがつかないくらいこげ茶色になっている聖クララのご遺体が、本当に丁寧にそこに横たえられていたのです。確かに腐っていない、それは超自然的なことだと思われているわけですが、ああいうとき、日本人と西洋人は本当に感性が違うと思いました。日本人はあそこまでそのままの姿を見せないのではないかと思うのです。その横に若いシスターが立って番をしていたので、「失礼しました」と帰ることもできなくて（笑）。忘れられない思い出です。

フランチェスコとクララは、「友情」ということを考えたときに、すごく大きな存在ではないか、と思っています。叱られるかもしれませんが、恋と友情のまじりあった美しい関係だったのではないかと思います。

師弟の友情

絵本とはまったく違いますけれども、作家の沢木耕太郎さんが、長洲一二さんが亡くなられたときに、新聞に書いておられたことがあまりに素敵だったのでご紹介します。その文章がちょっと忘れられないのです。

長洲一二さんという方は、以前、横浜国立大学の教授でいらして、その後、

『太陽を背にうけて』など数々のヒット曲を生み出した。

長洲一二（一九一九‐一九九九）
政治家、経済学者。終戦後、横浜国立大学で教鞭をとった後、革新知事として神奈川県知事を五期二〇年間務めた。中央集権型行政をあらためる「地方の時代」を提唱。

神奈川県知事をしばらくつとめられた方です。沢木さんは長洲さんのゼミの学生だったそうです。長洲さんのゼミはとても人気のあるゼミだったようで、そのゼミに入るには論文を書かなくてはならず、沢木さんは渾身の力を込めて、自分で本当に納得いくものを書いて、長洲さんのところに出したのです。ところが、そのゼミの選考から落ちたのです。それがどうしても納得がいかなかった沢木さんが、長洲先生のご自宅に電話をしたのだそうです。すると奥様が、「今は留守だけれども、明日の朝、八時くらいだったら、まだ家にいると思うから、来てごらんなさい」とおっしゃって、翌朝、沢木さんは長洲先生を訪ね、長洲先生に会って、なぜ自分が長洲先生のゼミに入りたいのか、そして自分がどういう小論文を書いたのかということを、本当に心を込めて話したのだそうです。長洲先生がじっと聞いていらして、「わかりました。とにかく僕はあなたを選考から落としたんですね」と言われたそうです。学生は、希望するゼミを第一志望、第二志望と書いて出すのですが、長洲先生は、第二志望もすごく難しいところを志望している学生に関しては、第二志望も落ちるかもしれないと思って、優先的に自分のゼミに採ったのだそうです。長洲先生は、「それであなたを落としたんですね」と言われて、「私からお願いしますから、私のゼミに入って下さい」とおっしゃったそうです。私が素晴しいと思ったのは、言葉は少し違うかもしれませんけれど、「私が素晴しい大人に会った最初の経験だった」と沢木さんが書いていたことです。私はこの話がすごく好きです。それは本当に貴重な友情といえるのではないかと思います。

重吉の妻なりし今のわが妻よ

キリスト教に根ざした美しい詩をたくさん書いた八木重吉。彼は三〇歳になるかならないかで亡くなっています。そして吉野秀雄という、またたいへん優れた歌人がおりました。吉野秀雄は、戦後、奥さんが結核で亡くなっています。奥さんも歌人で、彼女が亡くなる頃のふたりのやり取りの歌には鬼気迫る素晴しいものがあります。吉野秀雄が鎌倉に住み、四人も子どもがいて、自分も結核で、歌を詠んで、という生活をしていたときに、誰かの紹介で、未亡人になってからもうだいぶん経っている八木重吉の奥さんが、今でいえばお手伝いさんですが、住み込みで子どもたちの世話をするためにやってきました。この八木重吉の奥さんだった登美子という人は、夫の死後、あっという間にふたり

八木重吉
（一八九八 - 一九二七）
詩人。著作に『定本八木重吉詩集』など。「クリスチャン詩人」とも呼ばれる。

吉野秀雄
（一九〇二 - 一九六七）
歌人。生涯病とたたかいながら、自然な人間感情の流露を歌った。良寛や万葉集についての著作もある。主な歌集に、『吉野秀雄歌集』『含紅集』『寒蝉集』など。

の子どもにも死なれ、天涯孤独になり、どこへ行くにも八木重吉の原稿だけは持っていたということです。ずっと裁縫や事務員の仕事をして暮らしていました。八木重吉という人の詩は、いろいろなところにメモみたいに書きなぐったものがぱらぱら残っているだけで、少し雑誌に発表されたことがあったくらいで、本にはなっていませんでした。その亡くなった夫の詩の書きかけや原稿を大切にバスケットに入れて、吉野家にやってきたのです。

登美子は、やがて吉野秀雄と再婚することになります。そこで素晴しいのは、吉野秀雄の子どもたちが、ずっと自分たちの面倒を見てくれている新しいお母さんの前のご主人である八木重吉の詩を全部集めて、詩集にしたことです。もちろん吉野秀雄も手伝って、子どもたちと一緒につくりました。結婚するときに、吉野秀雄が登美子に誓いとして贈った歌があります。

わが胸の底ひに汝《なれ》の恃むべき
清き泉のなしとせなくに

これは「私の心の底にあなたが頼みにすると言ってくれる清い泉が本当にあ

りますように」という歌です。素晴しい歌だと思います。本当にすごいなと思います。吉野秀雄とその子どもたちのおかげで、今、私たちは八木重吉の詩を読むことができる。それは本当に素晴しいことだと思います。今では、吉野秀雄より八木重吉の方が、知られていると思います。

重吉の妻なりし　いまのわが妻よ
ためらはずその墓に手を置け

　これは吉野秀雄が、八木重吉の実家でいとなまれた重吉の二五周忌に登美子と共に列席したときに、登美子に贈った歌です。これほど素晴しい友情があるでしょうか。

　一九八八年に手に入れた本に、*Mary and Richard* という本があります。どうして日本で翻訳されていないのか、と思いますが、素晴しく美しいメアリーという婦人と、オックスフォード大学の学生だったリチャードという人の話です。ちょうど一九八八年に私がロンドンに行ったときにイギリス中で話題に

Mary and Richard
Michael Burn

なっている本でした。たぶん、メアリーもリチャードもたいへんな名家の出だったと思うのですが、リチャードが二〇歳のときに、二〇歳年上のメアリーと一目ぼれの恋をするのですね。空軍兵士としてドイツに撃墜されて、顔中大やけどをしてイギリスに帰り、静養しているときにパーティーでメアリーに会うのです。ふたりは恋人としてしばらく過ごすのですが、戦争が一層激しくなって、自分の友だちがみんな戦地に行くのを見ていられないからと、リチャードは何度も手術をしてもう一度、操縦桿を握れるようになるとすぐにまた戦場に出ていきます。そして二度と帰ってきませんでした。日本とヨーロッパで違うのは、飛行機は墜とされると、日本ではたいてい海に墜ちますね。でもヨーロッパだと大陸ですから、ほとんど地面に墜ちるので、必ずしも死ななかったようです。その代わり、本当に悲惨なやけどの人がたくさんいたようです。

この本は、そのふたりの間の出来事と手紙などを集めた本です。メアリーは、リチャードが死んだ後に、別の人と結婚しました。その相手の人も飛行機乗りだったようです。本当に不思議なことだと思いますが、メアリーはリチャードのことをご主人にまったく話さなかったようです。メアリーが亡くなったとき、ご主人がいろいろ荷物を整理していると、きれいな紙に包まれて、きれいなリボンで結んだ包みが出てきて、「これはなんだろう」と開いてみたら、リチャードのラブレターの束でした。それがあまりに美しいので、ご主人が、「これをこのまま自分だけのものにしておくのはもったいない、これをみんなに知ってもらいたい」と思って本にしたというのがこの本が誕生したいきさつです。

過去のこととはいえ、自分の奥さんに他に愛した人がいたということは、普通だったら嫌じゃないですか（笑）。吉野秀雄にしてもメアリーのご主人にしても、みんな素晴しい男たちだ、と思います。

親子の友情

親子の間でも友情と呼びたいものがあるのではないか。そのひとつをお話ししたいと思います。

私と同じ年くらいで、家のない子どもたちを支える活動を学生の頃から始めた広岡知彦さんという東大の物理学者がいました。お父様は、長く朝日新聞社の社長をしていらした広岡知男さんです。その息子さんの方の広岡知彦さんは、学者の生活をしながら、活動を続けていらっしゃいました。養護施設（昔の言

広岡知彦（一九四一‐一九九五）
福祉活動家。東京大学の助手を退職し、東京都世田谷区の三宿、経堂、祖師谷に「憩いの家」を開設。子どもの虐待防止センター代表もつとめた。

広岡知男（一九〇七‐二〇〇二）
朝日新聞社で経済記者として活躍。同社社長、会長を歴任。

い方でいえば、孤児院といいますか）を出た子どもたちは、中学を出たら、もう働かなくてはならない。中学を出て、世の中にほっぽり出されて、自分で食べていけ、といわれて、それがうまくいくはずがない、と彼は言うのです。誘惑があるし、あらゆる挫折がある。そういうときに、普通の家庭の子どもたちだったら、家庭に帰ってこられる。でも、帰っていく場所がない子どもたちがいる。そういう子どもたちが帰ってこられるような家をつくって、そこに自分たちが一緒に住もう、と彼は言うのです。

私がどうしてその人たちを知るようになったかというと、うちの子どもたちが通っていた学校に、広岡さんの息子さんたちがいたのです。彼らはご両親と一緒に、そういうお兄ちゃんたちと生活しているのですね。広岡さんの子どもが、ある日、外に出て働いているお兄ちゃんが買ってきた、お兄ちゃんの大切なシャンプーを借りる。「お兄ちゃんが一生懸命働いて買ってきたシャンプーだから、本当に大切にして、三〇分も頭を洗っていた」というような作文があったりして（笑）。うちの息子とは同級生ではなかったので、友だちのお母さんに紹介していただいて、広岡さんご夫婦と知り合いました。

ところが、何年か前に、その広岡さんが癌で亡くなったということを聞きました。原宿の雑踏の中で、友だちに、「あなた、広岡さんがこの前、亡くなったのよ」と言われて、「今、なに言われたんだろうか」というくらいに、ショックでした。癌だとわかって、一、二ヵ月、いや、もっと短かったのかもしれません、すぐに亡くなられたようです。

広岡さんは、途中で科学者の道を諦めていらっしゃいます。科学の道に関しては、自分より優秀な人がいくらでもいるけれども、この子たちのためには、自分がいた方がいいから、ということで、学者の道を諦めるのです。

広岡さんのお父様という方も素晴しい方で、第一回の全国高校野球選手権大会に選手として出場して、キャプテンでした。その後、朝日新聞社に入社されて、朝日新聞で非常に難しい争議があったときに、自ら火中の栗を拾って、そして社長になったというふうに、ご自分では言っていらっしゃいました。「リーダーとか、キャプテンという人は、進んで重い荷物を背負うつもりがなければだめだ」ということをお父様は言っていらしたようです。それが息子さんに見事に受け継がれたと思います。

亡くなられた後、広岡さんの奥様に聞いたのですが、彼女は、夫に死なれた妻のぐじゃらぐじゃら話を、夫の父親、八〇歳過ぎの朝日新聞の社長であった紳士に、夜、何時間も話したのだそうです。本当にくだらないことまで、ぐじゃらぐじゃらと思い出すのだと思うのですが、そういうことを息子のお嫁さんがお父様に延々と話す。お父様の方は聞くしかないから、何時間も聞いたのだそうです。「そういうぐじゃらぐじゃら話はよそに行ってやってくれ」と言いながらも、とにかく話を聞いてくれたそうです。私はそれが本当に素晴しいと思いました。

そして、広岡さんが亡くなるときに、ベッドのまわりに自分の子どもたちと、奥様と、そしてお父様が集まったそうです。広岡さんは、子どもたちにも奥様にも、「それぞれ自分の持ち味で生きていけばいい」と言い、奥様には「子どもたちが自分の持ち味で生きていくのを潰さないようにしなさい」ということを言われたそうです。そして、みんなにひとりひとり懇々と話をされたそうです。最後にお父様が首を出して、「私にはなにもないのかね」と言うと、広岡さんが、「お父さんにはすべてよろしくお願いします」と言って、翌日くらいに亡くなられたということでした。

私がお目にかかったときに八八歳になっておられたお父様は、「しかし、息子は最期は立派でしたよ、なかなか立派でした」と自分の息子のことを言っていらっしゃいました。素晴しい親子だな、と思います。男の友情のようにさえ思いました。広岡知彦さんの仕事をまとめた『静かなたたかい——広岡知彦と「憩いの家」の三〇年』という本があります。

父と松本竣介

私は慶應の学生のとき、フランス語がすごく点数が悪くて、夏休みに何週間か補習に通ったことがありました。でも、そのおかげで若林真先生という、素晴しい仏文学の先生の授業を受けることができました。サルトルの有名な研究者ですが、そういう先生が補習をやってくださるって、今考えると非常に贅沢だったと思います。若林先生がフランス語の文章を読むと、「えっ、フランス語ってこんなに美しいの?」と思うのでした。

フランス語の補習に出ているなんて、恥ずべきことだ、と思っていたのですが、夏休みですから、本当に学生の少ない校舎から夕方帰ってくるときに、白っぽい校舎の壁がすみれ色のような光を帯びる瞬間がありました。夏の夕方って一瞬独特な雰囲気になる時間があるじゃないですか。そのときは、せみも鳴い

若林真
(一九二九-二〇〇二)

フランス文学者。バタイユ『C神父』、クロソウスキー『歓待の掟』、ドリュ・ラ・シェル『ジル』をはじめ、二〇世紀フランス文学の翻訳を数多く手がけている。評論に『絶対者の不在』、小説に『海を畏れる』など。

ていたかもしれません。家に帰って、「今日は空がすみれ色だった」と言うと、私の父が、「あ、それは竣介の空だ」と言うのです。竣介というのは、父の中学生時代の同級生で、松本竣介という素晴しい絵描きさんです。松本竣介さんは、たぶんその空が好きだったのですね。だから父は、夏のすみれ色の空は、「竣介の空」だ、と言って譲らないのです。「私だってきれいだと思ったのに」とは思いながらも、勝ち目はないなと思いました（笑）。

戦後すぐ、松本竣介さんが東京で亡くなられたときに、父は、汽車賃もなく、盛岡からお葬式に行かれませんでした。それはきっと父にとっても母にとっても残念だったし、心残りだったと思います。父が亡くなり、大きな展覧会があったときに、父の年表をつくったことがありました。松本竣介が何年何月に亡くなった、ということが父の年表に書いてあり、「汽車賃の工面ができず葬式に参加できなかった」ということを、母が父のために書き添えているのです。今考えると、それは父と松本竣介さんとの友情に対して、母が本当になんともいえない大切な思いを抱いてきたということだったのだろうなと思いました。母なりのふたりへの友情でした。

松本竣介
（一九一二-一九四八）
洋画家。東京に生まれ、岩手で少年期を過ごす。戦時下に時局批判をしたため、「抵抗の画家」と呼ばれることがある。

本を通して

友情を考えたときに忘れられないのが、『シャーロットのおくりもの』という本です。ハムにされる運命の子豚ウィルバーが、死にたくなくて大騒ぎします。するとシャーロットという蜘蛛が本当に健気に子豚を助けるのです。蜘蛛の巣でいろんな模様をつくったり、文字を書いたりして、子豚のウィルバーの命を少しでも生きながらえるようにと工夫し、ウィルバーはハムへの運命を免れます。しかし、シャーロットは寿命が尽き、ひとり死んでいきます。ウィルバーは悲しみますが、やがてシャーロットが生んだ卵がかえって、「蜘蛛の子を散らすように」という言葉そのもののように、蜘蛛の子がたくさん誕生します。そしてウィルバーはシャーロットの子どもたちを見守りながら、自分のときを待って生きていく――。あんまり昔に読んだのではっきり覚えていないのですけれども、この本を読んでから、私は自分の家の中に蜘蛛がいても殺せなくなってしまいました。もちろん、小さい蜘蛛ですけれど。

この間たまたまアメリカの出版社が新刊のカタログを送ってきました。その

『シャーロットのおくりもの』
E・B・ホワイト作、ガース・ウイリアムズ絵

中に「この本!」と気になる本があったのですが、その本がメラニー・クロウパという人が編集して出した本だということが書いてあって、「えっ!」と思いました。二〇年ぶりくらいに彼女の名前を聞いたのです。前の夫の末盛が亡くなった次の年だと思いますが、子どもたちを実家に預けて、私が初めてボローニャに行ったときに、友だちになった人です。フェアが終わって帰るとき、ボローニャからミラノまで、汽車で二、三時間かかるのですが、「汽車には乗らないで、タクシーをやとってミラノの飛行場に行くけれど、あんた一緒に乗ってかない?」と聞かれて、アメリカ人三人と私の四人でイタリア人の運転手に大きなタクシーでミラノの空港まで行ってもらったことがありました。タクシーといっても、それは大きなベンツだったのですけれども。今、考えてみれば、運転手さんだってたいへんですよね。みんなが大きなスーツケース持っているわけで、それぞれ大きい人なわけですから。でも、道中のにぎやかで楽しいことといったら、学生のようにピーチクパーチク(笑)。その中のひとりがメラニー・クロウパでした。その後も何回か連絡はしていたのですが、今、彼女が出した本、まだ本屋さんには並んでないでしょうけれど、「刷本」という、まだ製本される前の本を送ってもらって、それがとても素敵な本だったので、できれば出したいなと思っています。彼女の現在の仕事の様子がわかって、本当に懐かしいと思いました。

久しぶりに連絡をとりましたら、彼女は自分の名前を冠している本を出しているほどの編集者なのに、この経済状況でリストラされてしまったということでしたが、アメリカでもイギリスでも、出版社はマネーゲームみたいに会社が会社を買うというのが日常茶飯事ですので、別に新しいことではないと思います。これからフリーランスで仕事をしていくつもりだということを、昨日のメールで書いてきていましたので、またつきあいが復活するかな、と思っています。

昔、オーク・ブック・セラーズという洋書の絵本の輸入をしている会社があったのですが、そこのオーナーの大高公夫さんは、私ととても感性が合う方でした。私が、「今度こういう本出そうと思っているのだけれど」と版権を取ったものを見せると、「あっ、それいいですよね」と言ってくれて、私の中で大高さんが「いい」と言ってくれたものは、かなりいいのではないか、という一種の基準になるような人でした。大高さんとはボローニャ・ブックフェアなどでも情報交換したり、ロンドンのことをいろいろ教えてくれたりしました。ずいぶんいろいろな話をすることがありましたが、とても丁寧な方でした。『コックーン』という本を出そうと思っていると言いましたら、「これはすごくいいですよね」と言ってくれたのが特に忘れられません。この不思議な本に目をとめる人がほとんどいなかったからです。アメリカで絶版になっていたらしく、アメリカの図書館から注文がきたこともあります。今ちょっと品切れになっている本ですが。

もう一五年ほど前になるでしょうか、彼はクリスマスに突然亡くなってしまいました。クリスマスの頃になると彼のことを思い出します。八王子の大高さんのお墓に、出版仲間、編集者仲間で行って、帰りに神楽坂近くの彼の行きつけの飲み屋さんで延々と大高さんの話をしたことがありました。今でも、いろいろなことがあるときに、「あ、大高さんだったらこの本なんて言うだろうな」と思います。本当にいい仕事仲間だったな、と思います。大高さんが個人的に集めていた絵本のコレクションが、今は、青山学院女子短期大学図書館に入っており、『青山学院女子短期大学図書館所蔵「オーク・コレクション図録」』というとても美しい図録もできました。本当にうれしく思います。

『コックーン』

ダイアン・レッドフィールド・マッシイ作

本を介した友情ということで、『チャリングクロス街八四番地』という本をおすすめしたいと思います。日本でいうと神保町でしょうか、ロンドンの真ん中に、チャリングクロス街という古本屋街があるのですが、そこの古本屋さんとニューヨークの作家のヘレーン・ハンフという人が手紙でやり取りする実話です。はじめは、「こういう本ありますか？」という問合せから始まるのですが、そのうちに、本当にいい友だちになっていくのです。戦争が激しくなり、ロンドンでは食べものがなくなっているということがわかると、お客さんなのに、そのチャリングクロス街の八四番地に、バターを送ったり、チーズを送ったりする、というとても楽しい本です。

旅のなかま

私はポール・ギャリコという作家が好きなのですが、彼に『スノーグース』という本があります。戦争の頃の話です。傷ついた白雁を抱いた女の子が、使われなくなった灯台に暮らしている人嫌いの絵描きさんのところに現れて、「治してちょうだい」と言います。その絵描きさんは左腕が不自由でしたし、背中

ポール・ギャリコ（一八九七－一九七六）
アメリカの小説家。スポーツ記者として活躍した後、小説に専念し、主に雑誌向けの短編で人気を集めた。著書に『雪ひとひら』『ポセイドン・アドヴェンチャー』など。

The Snow Goose
Paul Gallico, Peter Scott (illust)

も曲がっている人嫌いでした。生きものが好きで、いろいろな鳥を飼っていました。彼は、その白雁の世話をして、やがて白雁は群と一緒に旅立っていくのですが、忘れた頃にまた戻ってきます。そして、今までどこにも行かなかったかのようにこの画家のところにいるのでした。ある日、この絵描きは、ダンケルクに行くと言って、小さな舟で出て行きます。「ダンケルクの戦い」は、ドーバー海峡に面したフランスのダンケルクまでドイツ軍に追いつめられ、砂浜で動けなくなったイギリス軍とフランス軍の兵士たちをあらゆる方法で助けようと、漁船やボート、なんでもいいから助けに出て行ってほしい、という演説をチャーチル首相がしたことで知られています。この話の中では、その女の子が、「私も行く」と言うのですが、絵描きは、「おまえが舟に乗ったら、兵隊さんがひとり乗せられなくなるから駄目だ」と言って、ひとりで出て行きます。彼は何回も往復して兵士たちを助けるのですが、最後には帰ってきませんでした。その舟を守るように、白い大きな鳥が船の上をいつまでもいつまでも飛んで廻っていたのをそのとき助けられた兵士が見た、という、本当に美しい話です。ぜひおすすめしたいと思います。人嫌いなみにくい絵描きと少女と白雁の友情と言えると思います。

ダンケルクの戦い

フランス北部ダンケルクで、第二次世界大戦中の一九四〇年五月末から六月初めにかけて、ドイツ軍に追いつめられた英仏連合軍約三四万人が激戦の末、乗船撤退した。

最後に先ほどの『フランチェスコ』と同じ作者、はらだたけひでさんの『たびのなかま』という本の冒頭を紹介させて下さい。

わたしたちは　たびびと

ちいさなこえのひと　おおきなこえのひと
あるくひと　はしるひと　すわるひとも
たびびと

詩人ランボー　チェロ奏者のカザルス
ギリシャ神話のオルフェウスとエウリュディケ
サン＝テグジュペリ　フォークソングのパフも
たびびと

わたしたちは　たびの　なかま

『たびのなかま』
はらだたけひで作・絵

この本は久しぶりに手にしたのですが、やはりいい本だなと思います。友情といい、愛といい、結局は人間は共に旅をする仲間だということだろうと思います。

末盛千枝子の仕事について

島 多代

一九七〇年代初頭、ニューヨークから帰国して至光社に顔を出すようになった私は、そこではじめて末盛さんに会いました。至光社は戦後、一九六〇年代後半から欧米に絵本を輸出している唯一の出版社で、また、フランクフルトやボローニャで見つけた素晴しい世界の絵本展を丸善で催し、そのなかでもっとも人気のある画家の個展をする、というような原画展の先駆けのようなことも始めていました。フランクフルトやボローニャ書籍展の帰路、アメリカに立ち寄る編集者たちも何人かいて、優秀な新人として評価されていた当時の舟越千枝子さんのことはよく聞いていました。慶応大学史学科卒業後、入社してすぐ海外版の編集をしていた末盛さんは、至光社の庭に面した細長い空間に置かれた机に向かっていつも静かに仕事をしていました。私が覚えているのは、翻訳、印刷、輸出全般にわたる複雑な業務に没頭していた、当時の末盛さんの後ろ姿です。

そう、一言で言って、彼女の仕事から見えるのは、その背中です。与えられた仕事に専心し、完成すると、次の仕事に向かいます。一つのところに留まって、その顔にならない。彼女の美しい横顔は父上から彼女の結婚記念として配られた青銅のまるい置物に刻まれています。しかし、末盛千枝子の仕事はいつも何処からか彼女のもとに飛んでくるのです。ヒルサイドテラスの連続講演もその一例です。彼女の仕事のやり方が変わらない限り、彼女の仕事の本当の総括はまだ出来ません。

末盛千枝子は自分のことはあまりしゃべりません。ですから先日逝去されたご母堂、舟越道子さんの葬儀で語られた舟越家の歴史は胸に迫りました。七人兄妹の長女であった千枝子さんに一番深く刻印されていたのは、彫刻家の父と自らの文才を捨てて彫刻家の妻として生きた母の選択の証明だったのではないでしょうか？　高い理想と現実の厳しい生活の狭間で生き残る家族のなかで、ご両親にとって長女千枝子は、幼い同志のようなものではなかったか、と考えます。恐らく、千枝子さんは子どもが強くありうることの見本であり、その経験が彼女の人生の中で、人間の在りかたへの理解となり、本と芸術の世界への深い造詣となったのではないでしょうか？

彼女は三一歳で末盛憲彦氏と結婚をしました。「夢であいましょう」というNHK

の土曜日の人気番組を永六輔、中村八大とともに立ち上げたプロデューサーの末盛氏は静かで許容量の大きな人でした。原宿の中華料理屋でのお見合いのあと、吹田の我が家に千枝子さんから電話がかかりました。「髭剃りあとの濃い男性は苦手だと思っていたんだけど……びっくりしたわよ」と。でも、やがて彼女は彼と結婚し、やがて二人に長男武彦君が生まれ、二年後には次男春彦君が生まれ、すくすく育っていきました。千枝子さんは結婚を機に退職していましたが、至光社の季刊誌『ひろば』に、海外の絵本の紹介などをしていました。もちろん、子どもたちの調子が悪かったりすると、「原稿が書けない」という電話がかかったりしたのを覚えています。

ところが、末盛夫妻が結婚一〇周年を迎える頃、憲彦氏が突然死をします。猛暑の中で「武原はん」の撮影の収録を終えた翌朝のことでした。私は二度目の滞米中でしたので、彼女の電話にことばを失いました。彼女が「すえもりブックス」を始めたのは、そのあとだったと思います。

以前、銀座の画廊に舟越道子さんの個展を見に行きました。美しい絵たちをまえに、「このような絵はいつ描かれるのですか?」と質問すると、「そう、千枝子が帰ってから描きます」とふっと言われた舟越道子さんの言葉に、私は、はっとしたのです。憲彦さん亡き後、千枝子さんを支えていた人がここにいる、と思ったからです。九三歳のごく最近まで生きられたお母さまの存在は千枝子さんにとっていつもどれほど大きかったでしょうか？

末盛千枝子さんとともにした仕事で、一番印象に残っているのは、まど・みちおさんの詩の翻訳絵本にはじまる皇后様の本の出版です。まど・みちおさんの詩の英訳絵本出版は、一九九〇年米国ウィリアムスバーグで開催されたＩＢＢＹ世界大会にその発端がありました。大会委員長だったマーガレット・マッケルダリー女史が、日本からのアンデルセン賞候補者まど・みちおの手づくりの翻訳詩集『どうぶつたち』を読み、出版を考え始めたのです。私が当時、マーガレット・マッケルダリーと熱心に話をすすめたのは、日本の子どもの詩を、世界の子どもたちにも渡せるかも知れないという思いがあったからでした。その時点では海外での出版のみを考えていたのです。

ところが、マーガレット自身は、印刷を日本に発注していることから日本の出版社との共同出版について模索していました。当時の日本では皇后様の『はじめてのやまのぼり』が至光社から出版されて話題を呼び、その印税の一部がＩＢＢＹに寄付されてもいました。最終的に、まど・みちお詩／美智子訳『どうぶつたち』が、すえもりブックスから出版されることになる大きな理由がありました。二〇年も前のことですから、皇后様の関わられる本の出版は、センセーショナルになる可能性がありました。そこで、出版してもなるべくしてほしくない、すべて、静かにひっそりと、というような雰囲気のなかで、当初からこんな制限を自発的に履行してくださるところが、すえもりブックス以外に何処にあったでしょうか？　皇后様の深い信頼をもとに、その後も何冊か出版に関わられることになる末盛千枝子の最初の決断だったと思います。

一ヵ月まえに永眠された舟越道子さんのお通夜で、遺族の列の一番前に立たれた末盛さんが少し小さく見えて、心配になりました。ご両親と彼女の絆の強さを知っていたからです。式場から出ると、次男の春彦君が別室の入り口で「兄貴も来ているんです。会ってください」と言って私を連れにきました。部屋の奥には、二台の車椅子に美しい老人とにこやかな若者が座っていました。末盛さんが再婚した古田暁氏と武彦君でした。短く静かな会話のなかで、私は何とも言えない安堵感に浸っていました。それは、千枝子さんは今後この人たちに守られていくのかもしれない、という不思議な思いにかられたからです。

末盛千枝子の仕事は、人間の生き方のなかに本当の美しさを見据えて、それを出版を通して人々に伝えようとすることなのだと思います。

あとがき

ヒルサイドテラスで絵本の話をしてほしいと前田礼さんが私の自宅兼事務所に来てくださったとき、こういう展開になるとは考えてもいませんでした。ただ、ヒルサイドテラスが現代アートにとって重要な拠点のひとつであることは、家族に芸術家ばかりがいるような私にとって有難いことでした。

そして、前田さんが、私が何年も書いている「心のともしび」というラジオ番組のウエブを読んでくださっていたことも、とても心強いことでした。

最初、会は半年間ということでしたが、一年にのび、聴きにきてくださる方たちもだんだん増えるようで、嬉しい誤算でした。そして、毎回その日のテーマに合わせて出されるランチも、みなさんにとって大きな楽しみでした。タシャ・チューダーの日には、いかにもアメリカの開拓者風のお料理が出たりしたのです。そして必ず、その料理の説明がシェフの女性からあったのも、集まりを楽しくしていました。

結局一年間続き、一〇回が終わって、それを本にしようということになって、テープ起こしされたものに手を入れたのですが、それは骨組みだけはありましたが、まるで新しく書き直すようなものでした。この一〇回のテーマを前田さんとあらためて考え、テープ起こしされた話しの内容を整理し、文章に手を入れながら、これは今まで私が経験してきた絵本の会とはずいぶん違うとあらためて思いました。ここには私が自分の本音で語ることのできる安心感がありました。それは会員制のライブラリーを開いたばかりのヒルサイドテラスという場所と、毎回聞いてくださる方がたとの呼吸のようなものだったと思います。

今振り返って、私が　本当に小さな子どもだった時にどんな絵本を見ていたかということなど、少し加えさせていただきたいと思います。

私が小さな子どもの時に見た絵本に佐藤義美文、脇田和画の『プークマウークマ』(新日本幼年文庫)という本と、酒井朝彦文、武井武雄画の『ユキグニノオマツリ』(少國民繪文庫)という本があって、私はこの二冊の本のことを忘れがたく思っていました。そして、大学を卒業して至光社という絵本の出版社に勤めたのですが、そこでその二冊と再会したのです。昭和四〇年頃のことですから、その二冊の本が出てからもう二〇年以上の年月が経っていました。その会社には外国の絵本のコレクションがあって、その中になぜかこの二冊がまぎれたように入っていたのです。私はそれを見つけたときに懐かしさのあまり、それを持って編集長の武市八十雄氏に見せに行ったのです。「これは私が子どものときに見ていた本です」と言って。すると驚いたことに、武市氏は「それ、君にあげるよ」と、こともなげに言うのです。夢のようでした。それ以来私の宝物になっているのです。脇田さんのクレヨンの絵の美しいこと。武井武雄さんの雪国の懐かしい風景には軍馬として出征していく愛馬を送り出す少年の姿があります。小さな美しい本です。この本は昭和一九年出版です。それと、もう一つ私が忘れられないのは講談社の童謡画集で、これは川上四郎画でした。いつまでも私の中で忘れられない絵本として残っています。あり得ないような幸運でしたが、これはシリーズの他のものと一緒に、数年前に鎌倉の古書屋さんでみつけました。いま手にとってみると、つけ足したように巻末に別紙で軍歌が載っていて、戦争中の編集者の苦労が思われます。私は川上四郎さんの絵が好きでしたので、信じられないようなことでしたが、至光社のお使いとして冬の越後湯沢に川上先生をお訪ねし、月刊絵本のための絵をいただいてきたことがあります。上野から上越線に乗り、下車して長靴にはきかえてお宅に伺ったのを憶えています。

そして、講談社の名編集長だった加藤謙一氏をお訪ねして、なにか古い少年クラブを撮影させていただいたことなどもありました。いわさきちひろさんは石神井のお宅の二階で大きな座卓に向かって絵を描いておられました。その頃、至光社と日本橋の丸善との共催で「世界絵本原画展」という展覧会を毎年開き、どの絵本の原画を借りるかを決めるところから始まる仕事は至光社の我々スタッフ。その絵の載っている絵本を輸入するのは丸善という役割分担でした。それが外国の絵本ブームに火を付けたようなことだったと思います。会場は押すな押すなの大盛況でした。ここでしか洋書の絵本は手に入らない時代でした。ジョン・バーニンガムの最初の頃の絵本*BORKA*も借りました。そうするうちに実際にフランクフルトのブックフェアに出かけていって、各社のブースを見て歩き、原画展に借りる絵を探し、貸してくれるように交渉するような仕事もするようになりました。そういうふうに私は絵本の世界に入っていきました。

その頃にアメリカから帰ってきたばかりの島多代さんに*Crow Boy*(『からすたろう』)のことを聞いた日のことは忘れられません。その日、大阪の凸版印刷に外国へ船積みする絵本の検品に出かけ、その夜は吹田の島さんのお宅に泊めていただいて、小さなお嬢さんふたりを交えて国鉄の社宅のダイニング・キッチンで絵本談義に花を咲かせたのです。その中で『からすたろう』に出会いました。その本の表紙は前から知っていましたが、なかなか手が伸びない本だったのです。でも島さんが言うにはこの本はアメリカのお母さんたちにとって大切な本になっているというのです。そう言われて、最初から読み始めたのです。日本の片田舎を舞台にした、作者八島太郎さんの故郷だと思いますが、そこに、チビと呼ばれて皆に仲間はずれにされ、それでも遠い山道を毎朝暗いうちに家を出て学校に通ってくる少年、すなわち「からすたろう」がいました。授業について行けないし、先生の話もさっぱりわからないので、彼はただ窓の外の景色や前の席の子どもの背中のつぎあての文様をを見て時間をつぶしていました。それでも新しい先生が彼に興味をもってくれました。彼にはほかの生徒にない素晴らしさがいろいろありました。村の子どもたちは卒業していき、からすたろうも山で炭焼きをしては、ときどき村に降りてきて炭を売り、必要なものを買いととのえて山に帰っていくのです。

吹田の島家でこれを読んでいたときの感激は今も忘れられません。それから数年して、結婚を機に至光社を退職していた私は、八島太郎さんにまかされて、日本でこの本を出版するところを探しました。そして、障害児図書を出版し始めた偕成社の今村廣社長に会いに行き、「この本をご存知でしょうか?」とお聞きしました。私と同じように「表紙は知っていますが」とおっしゃるのです。それで、偕成社の社長室で今

『からす　たろう』
八島太郎文・絵

村さんだけのために*Crow Boy*を日本語に訳しながら読み聞かせをしたのです。そして読み終わったとき、今村さんは「この本はうちで出しましょう」と言って下さったのです。一九七九年のことです。大きな出来事でした。日本語版『からすたろう』は英語版同様、今もたくさんの親子にとって力強い味方になっていると思います。鹿児島を舞台に一九五六年にアメリカで出版された絵本が、日本語で読まれるようになるまでに二〇年以上の長い月日が流れていました。

オクスフォードでトールキンに学び、多くの児童文学の翻訳をしてこられた猪熊葉子さんが白百合女子大学教授を退官されるときになさった最終講義は、それは素晴らしいものでした。ご自分がなぜ児童文学に関わるようになったかを語っておられます。それは満たされなかった子ども時代の自分を慰めようとしていたからだったと初めて胸中を吐露されたのです。感動的な講義でした。それは後に『児童文学最終講義』として、すえもりブックスから出版させていただきました。子どもの本に関わるとはどういうことかが、極めて素直に語られています。これはもしかしたら、児童文学に限らず、全ての文学に共通して言えることかもしれません。

昨年一二月の朝日新聞の夕刊一面のシリーズで三万人の自殺者についての連載記事がありました。そこでみつけた話です。そこには、もと図書館協会の会長だった竹内悊という方の話が載っていました。その方がたまたま開いた本にアメリカの図書館のポスターが載っていて、そのポスターにはピストルをこめかみに当てた悲しそうな男の前に山のように本が積まれていて、「自殺しようと思うなら、やめなさい。そのかわり図書館へおいで下さい」と書いてあったというのです。我が意を得たりと思いました。本は子どもにとっても、大人にとっても、もちろん老人にとっても、さまざまな意味で、美しい宝の山だと思います。ときには人の一生を左右するほどのものだとさえ言えると思うのです。

この本の準備をしながら、私はこれを母に読んでもらいたいと思うようになっていました。ところが、このあとがきを書き始める二週間前に母は九三歳で旅立っていきました。美しいじゃじゃ馬のような人だったけれど、大切なことはしっかりと伝えてくれたと思います。最後の言葉も前日、私の妹が聞いた「大丈夫よ」という言葉だったのです。お棺に花を入れながら私たち六人の子どもたちは「お母さんの子どもでよかったわね」と心から言っていました。貧しい彫刻家と結婚し、赤ん坊のときに亡くなったひとりを入れて七人の子どもを育て、それでも全てに前向きでした。

　私は居間のソファにすわっていつも本を読んでいた母のことを思い出します。ダーウィンの孫のグウェン・ラヴェラの『ケンブリッジの思い出』を読んだ後で一緒に旅をしたのですが、ロンドンのピカデリー・サーカスにある大きな立派な古書屋さんに入って、私にその本の原本があるか聞いてくれというのです。応対してくれた美しい娘さんが、今はないけれど、捜しますから、見つかったらご連絡します、と言ってくれました。それから数週間して、私たちが帰国してからその古書屋さんから手紙がきました。「二冊みつかって、一冊は完全な状態だけれど、もう一冊は表紙にちょっと破れがあります。」というのです。それを母に伝えると、母は「それでは二冊とも買いましょう。一冊は私が持っていたいし、もう一冊はあなたにあげるわ。」というのです。本の好きな人でした。

　私は、今、心をこめてこの本を母に捧げようと思います。

二〇一〇年一月二十一日

東京　代々木にて　　末盛千枝子

ターアクションズ、2004年
＊他に同出版社よりサンフランシスコ、パリ、ロンドン、アイルランド、ヴェニス、ケープケネディ、ミュンヘン、オーストラリア、ホンコン、ヒストリックブリテイン、国連、ギリシャ、ローマ、ワシントンＤＣ、イスラエル、エジンバラ、テキサス編が出ている。
『薔薇の名前 上・下』 ウンベルト・エーコ　河島英昭訳　東京創元社、1990年
『読むことは旅をすること―私の20世紀読書紀行』 長田弘　平凡社、2008年
『バスラの図書館員―イラクで本当にあった話』 ジャネット・ウィンター絵・文　長田弘訳　晶文社、2006年
『フィロビブロン―書物への愛』 リチャード・ベリー　古田暁訳　講談社、1989年

【勇気と好奇心―ピーター・シスの絵本を中心に】

An Ocean World, Peter Sis, New York, Greenwillow Books, 1992
Tibet: through the red box, Peter Sis, New York, Farrar, Straus and Giroux, 1998
『夢を追いかけろ―クリストファー・コロンブスの物語』 ピーター・シス作　吉田悟郎訳　ほるぷ出版、1992年
『星の使者―ガリレオ・ガリレイ』 ピーター・シス文・絵　原田勝訳　徳間書店、1997年
『生命の樹―チャールズ・ダーウィンの生涯』 ピーター・シス文・絵　原田勝訳　徳間書店、2005年
『天皇陛下 科学を語る』 朝日新聞出版編　朝日新聞出版、2009年
『エブラハム・リンカーン』 イングリ・ドオレーア／エドガー・パーリン・ドオレーア　光吉夏弥／進士益太共訳　羽田書店、1950年
We the People: the constitution of the United State of America, Peter Spier, New York, Doubleday, 1987
『合衆国憲法のできるまで』 ジーン・フリッツ　トミー・デ・パオラ絵　あすなろ書房、2002年
『アルケミスト―夢を旅した少年』 パウロ・コエーリョ　山川紘矢／山川亜希子訳　地湧社、1994年
『オキーフ　ワンハンドレッド・フラワーズ』 ニコラス・キャラウェイ　木幡和枝訳　リブロポート、1990年
『沈黙』 遠藤周作　新潮社、改版、1981年
『島秀雄の世界旅行 1936 - 1937』 高橋団吉著・編　島隆編・監修　技術評論社、2008年
『アラブ、祈りとしての文学』 岡真理　みすず書房、2008年
『パブリッシャー―出版に恋をした男』 トム・マシュラー　麻生九美訳　晶文社、2006年

【友情について】

『ちいさな天使と兵隊さん』 ピーター・コリントン作　すえもりブックス、1990年
『フランチェスコ』 はらだたけひで作・絵　すえもりブックス、1992年
Brother Sun, Sister Moon: the life and story of St Francis, Margaret Mayo, Peter Malone (Illustrator) , London, Orion, 1999
Mary and Richard: a true story of love and war, Michael Burn, New York, Arbor House, 1988
『静かなたたかい―広岡知彦と「憩いの家」の30年』 財団法人青少年と共に歩む会編　朝日新聞出版、1997年
『シャーロットのおくりもの』 E・B・ホワイト作　ガース・ウイリアムズ絵　さくまゆみこ訳　あすなろ書房、2001年
『コックーン』 ダイアン・レッドフィールド・マッシイ作　すえもりブックス、1996年
『青山学院女子短期大学図書館所蔵「オーク・コレクション図録―チャップブックからセンダックまで」』 青山学院女子短期大学図書館編　青山学院女子短期大学図書館、2009年
『チャリングクロス街84番地―書物を愛する人のための本』 ヘレーン・ハンフ　江藤淳訳　中央公論社、1984年
『スノーグース』 ポール・ギャリコ　矢川澄子訳　王国社、1988年
『たびのなかま』 はらだたけひで作・絵　すえもりブックス、1993年

【あとがき】

『からす　たろう』 八島太郎文・絵　偕成社、1979年

『子どもの本は世界の架け橋』 イェラ・レップマン　森本真実訳　こぐま社、2002年
『荒れ野の40年 ヴァイツゼッカー大統領ドイツ終戦40周年記念演説』 リヒャルト・フォン・ヴァイツゼッカー　永井清彦訳　岩波書店、新版、2009年
Ghost Train, Paul Yee, Toronto, Groundbook, 1996
『9月のバラ』 ジャネット・ウィンター文・絵　福本友美子訳　日本図書センター、2005年
『ちょっとピンぼけ　新版』 ロバート・キャパ　川添浩史／井上誠一訳　ダヴィッド社、1980年

【クリスマスの絵本─贈り物《ギフト》について】

『ちいさな曲芸師バーナビー』 バーバラ・クーニー絵・再話　末盛千枝子訳　すえもりブックス、2006年
『神の道化師』 トミー・デ・パオラ作　湯浅フミエ訳　ほるぷ出版、1980年
The Little Drummer Boy, Ezra Jack Keats, New York, Macmillan, 1968
『リトル・ドラマー・ボーイ』 舟越桂作　すえもりブックス、2002年
『おもちゃのいいわけ』 舟越桂絵　すえもりブックス、1997年
『賢者のおくりもの』 オー・ヘンリー文　リスベート・ツヴェルガー画　矢川澄子訳　冨山房、1983年
『クリスマス・キャロル』 チャールズ・ディケンズ原作　ロベルト・インノチェンティ絵　もきかずこ訳　西村書店、1991年
『聖なる夜に─A Small Miracle』 ピーター・コリントン作　BL出版、2000年
『急行「北極号」』 クリス・ヴァン・オールズバーグ作　村上春樹訳　河出書房新社、1987年
『クリスマスの12日』 ロバート・サブダ作　大日本絵画、2004年
The Twelve Days of Christmas, Ilonka Karasz, New York, Harper & Row, 1949
A Partridge in a Pear Tree, Ben Shahn (design / illust), New York, Museum of Modern Art, 1951
The 12 days of Christmas, Erika Schneider (potato prints), Richard Lipton (calligraphy), Neugebauer Press, USA, 1984
The Christmas Story: from the gospels of Matthew and Luke, Maguerite Northrup (edit), New York, The Metropolitan Museum of Art, 1966
Pia' s Journey to the Holy Land, Sven Gillsäter, Pia Gillsäter (text / pictures), New York, Harcourt, Brace & World, 1960
『ナザレの少年』 舟越保武画　すえもりブックス、1994年
『クリスマスのものがたり』 フェリクス・ホフマン作　生野幸吉訳　福音館書店、1975年
Es begab sich zu der Zeit, Henriette Willebeek Le Mair, Zürich, Parabel, 1984
『ベツレヘムの星』 アガサ・クリスティー　中村能三訳　早川書房、2003年
Din Dan Don It' s Christmas, Janina Domanska, New York, Greenwillow Books, 1975
Christmas with the Rural Mail, Lance Woolaver (poem), Maud Lewis (illust), Halifax, Nova Scotia, Nimbus Publishing, 1979
A Christmas Story, Richard Burton, London, Hodder & Stoughton, 1989
『さむがりやのサンタ』 レイモンド・ブリッグズ作・絵　菅原啓州訳　福音館書店、1974年

【即興詩人の旅─安野光雅さんと鷗外】

『即興詩人 上・下巻』 森鷗外　岩波書店、1991年
『森鷗外全集10 即興詩人』 森鷗外　筑摩書房、1995年
『繪本 即興詩人』 安野光雅　講談社、2002年（文庫版　講談社、2009年）
『繪本 三国志』 安野光雅　朝日新聞出版、2008年
『あいうえおみせ』 安野光雅作・絵　福音館書店、2008年

【アレキサンドリア図書館をめぐって─松浦弥太郎さんと語る】

The Smithsonian Book of Books, Michael Olmert, Washington, Smithsonian Books, 1992
『ジス・イズ・ニューヨーク』 ミロスラフ・サセック作　松浦弥太郎訳、ブルースイン

文　こだまともこ訳　冨山房、1974年
『のはらにおはながさきはじめたら』　シャーロット・ゾロトウ文　ガース・ウィリアムス絵　きやまともこ訳　福武書店、1984年
『かぜはどこへいくの』　シャーロット・ゾロトウ文　ハワード・ノッツ絵　松岡享子訳　偕成社、1981年
『オーケストラの105人』　カーラ・カスキン文　マーク・サイモント絵　岩谷時子訳　すえもりブックス、1995年

【女性の生き方を考える
―ねずみ女房を入り口にして】

『ねずみ女房』　ルーマー・ゴッデン作　ウィリアム・ペーヌ・デュボア画　石井 桃子訳　福音館書店、1977年
The Mousewife, Rumer Godden (author), Heidi Holder (illust), New York, Macmillan, 1983
『そして、ねずみ女房は星を見た』　清水眞砂子　テン・ブックス、2006年
Grandma Moses, Otto Kallir, New York, Harry N. Abrams, 1973
『ミス カーターはいつもピンクの服』　ヘレン・ブラッドレイ文・絵　暮しの手帖翻訳グループ訳　暮しの手帖社、1981年
『エマおばあちゃん』　ウェンディ・ケッセルマン文　バーバラ・クーニー絵　もきかずこ訳　徳間書店、1998年
Beatrix Potter: artist, storyteller and countrywoman, Judy Taylor, New York, Frederick Warne, 1986
『海からの贈物』　アン・モロウ・リンドバーグ　吉田健一訳　新潮社、改版、1967年
『海からの贈りもの』　アン・モロウ・リンドバーグ　落合恵子訳　立風書房、1994年
『カントリー・ダイアリー』　イーディス・ホールデン　岸田衿子／前田豊司訳　サンリオ、1980年
Miss Jekyll: portrait of a great gardener, Betty Massingham, London, Country Life, 1966
『思い出のケンブリッジ―ダーウィン家の子どもたち』　グウェン・ラヴェラ　山内玲子訳　秀文インターナショナル、1988年
Gwen Raverat: friends, family and affections, France Spalding, London, Pimlico, 2004
『私、ジョージア』　ジャネット・ウィンター作・絵　長田弘訳　みすず書房、2001年
『おこちゃん』　山本容子作　小学館、1996年
『聖マグダレナ・ソフィア・バラ』　児島なおみ作　偕成社、2001年
『海と島のマイリ』　スーザン・クーパー文　ウォリック・ハットン絵　ふるたちえ訳　すえもりブックス、1996年
『美女と野獣』　ウォリック・ハットン構成・絵　岩谷時子訳　ジー・シー・プレス、1988年
『アダムとエバ―旧約聖書・創世記より』　ウォリック・ハットン構成・絵　岩谷時子訳　ジー・シー・プレス、1988年
Margaret K. McElderry Books 25 Years 1972-1997, New York, Margaret K. McElderry Books, Simon & Schuster, 1997

【家族の風景―The Family of Man】

The Family of Man, Edward Steichen, New York, Museum of Modern Art, 1955
『光ほのかに―アンネの日記』　アンネ・フランク　皆藤幸蔵訳　文藝春秋新社、1952年
『せいめいのれきし―地球上にせいめいがうまれたときからいままでのおはなし』　バージニア・リー・バートン文・絵　石井桃子訳　岩波書店、1964年
『みみをすます』　谷川俊太郎文　柳生弦一郎絵・装丁　福音館書店、1982年
『わたし』　谷川俊太郎文　長新太絵　福音館書店、1976年
『アラバマ物語』　ハーパー・リー　菊池重三郎訳　暮しの手帖社、1984年
『ちいさなとりよ』　マーガレット・ワイズ・ブラウン文　レミー・シャーリップ絵　与田準一訳　岩波書店、1978年
『悲しい本』　マイケル・ローゼン作　クェンティン・ブレイク絵　谷川俊太郎訳　あかね書房、2004年
『そして、一輪の花のほかは・・・』　ジェイムズ・サーバー作　高木誠一郎訳　篠崎書林、1983年
『白バラは散らず―ドイツの良心ショル兄妹』　インゲ・ショル　内垣啓一訳　未来社　1964年

本書の中で紹介された主な書籍

【タシャ・チューダーとの出会い】

『すばらしい季節』 タシャ・チューダー作　末盛千枝子訳　すえもりブックス、2000年

『あさ One morning』 舟越カンナ作　井沢洋二絵　ジー・シー・プレス、1985年

『どうぶつたち』 まどみちお詩　美智子選・訳　安野光雅絵　すえもりブックス、1992年

『コーギビルの村まつり』 タシャ・チューダー絵・文　食野雅子訳　メディアファクトリー、1999年

Drawn from New England: Tasha Tudor, A Portrait In Words and Pictures, Bethany Tudor, New York, Philomel Books, 1979

『はらぺこあおむし』 エリック・カール作　森比左志訳　偕成社、1976年

『くまさん くまさん なに みてるの?』 ビル・マーチン文　エリック・カール絵　偕成社編集部訳　偕成社、1984年

The Private World of Tasha Tudor, Tasha Tudor (illust), Richard Brown (photo), Boston, Little, Brown and Company, 1992

【仕事のしあわせ―ゴフスタインから考える】

別冊太陽『海外の絵本作家たち』 別冊太陽編集部編、平凡社、2007年

『作家』 M・B・ゴフスタイン作　谷川俊太郎訳　ジー・シー・プレス、1986年

『画家』 M・B・ゴフスタイン作　谷川俊太郎訳　ジー・シー・プレス、2000年

『ブルッキーのひつじ』 M・B・ゴフスタイン作　谷川俊太郎訳　ジー・シー・プレス、1989年

『おとなりさん』 M・B・ゴフスタイン作　谷川俊太郎訳　ジー・シー・プレス、1989年

『ふたりの雪だるま』 M・B・ゴフスタイン作　谷川俊太郎訳　すえもりブックス、1992年

『おばあちゃんのはこぶね』 M・B・ゴフスタイン作・絵　谷川俊太郎訳　すえもりブックス、1999年

『ゴールディーのお人形』 M・B・ゴフスタイン作　末盛千枝子訳　すえもりブックス、2003年

『ピアノ調律師』 M・B・ゴフスタイン作・絵　末盛千枝子訳　すえもりブックス、2005年

『ピーターのいす』 エズラ・ジャック・キーツ作　木島始訳　偕成社、1969年

『ピーターのくちぶえ』 エズラ・ジャック・キーツ文・絵　木島始訳　偕成社、1974年

『ゆきのひ』 エズラ・ジャック・キーツ作　木島始訳　偕成社、1969年

『パシュラル先生』 はらだたけひで作・絵　すえもりブックス、1989年

『図書館への道―ビルマ難民キャンプでの1095日』 渡辺有理子　鈴木出版、2006年

【生きる知恵―シャーロット・ゾロトウとともに】

『なかよし』 シャーロット・ゾロトウ文　ベン・シェクター絵　みらいなな訳　童話屋、1997年

『100歳の美しい脳―アルツハイマー病解明に手をさしのべた修道女たち』 デヴィット・スノウドン著　藤井留美訳　DHC、2004年

『おとうさん』 シャーロット・ゾロトウ文　ベン・シェクター絵　みらいなな訳　童話屋、2009年

The Summer Night, Charlotte Zolotow (text), Ben Shecter (illust), New York, An Ursula Nordstrom Book, Harper & Row, 1974

If You Listen, Charlotte Zolotow (text), Marc Simont (illust), New York, An Ursula Nordstrom Book, Harper & Row, 1980

『けんか』 シャーロット・ゾロトウ文　ベン・シェクター絵　みらいなな訳　童話屋、1997年

『なかなおり』 シャーロット・ゾロトウ文　アーノルド・ローベル絵　みらいなな訳　童話屋、2008年

『ねえさんといもうと』 シャーロット・ゾロトウ文　マーサ・アレキサンダー絵　矢川澄子訳　福音館書店、1974年

『かいじゅうたちのいるところ』 モーリス・センダック絵・文　神宮輝夫訳　冨山房、1975年

『うさぎさんてつだってほしいの』 モーリス・センダック絵　シャーロット・ゾロトウ

末盛千枝子

1941年、父 彫刻家・舟越保武と母 道子の長女として東京に生まれる。高村光太郎が千枝子と名づける。4歳から10歳まで盛岡で過ごす。慶應義塾大学卒業後、絵本の出版社に入社。8年間、主に海外版の編集に携わる。「夢であいましょう」などの音楽番組で知られるNHKのディレクターと結婚、2児の母となるが、夫の突然死のあと、ジー・シー・プレスで絵本出版を手がける。最初に出版した本のうちの1冊、『あさ・One morning』が1986年ボローニャ国際児童図書展グランプリを受賞、ニューヨーク・タイムズ年間最優秀絵本に選ばれる。国内ではサンケイ児童出版文化賞を受賞。その他、M.B.ゴフスタイン作『作家』、『画家』などを紹介。また、突然父親を失った子ども達と父との思いを描く『パパにはともだちがたくさんいた』を出版。1988年、株式会社すえもりブックスを設立、代表となる。以後、まど・みちおの詩を、皇后美智子様が選・英訳された、『どうぶつたち・THE ANIMALS』と『ふしぎなポケット・THE MAGIC POCKET』、舟越桂の『おもちゃのいいわけ』、1998年には、ニューデリーでの皇后美智子様のご講演をまとめた『橋をかける・子供時代の読書の思い出』の他、国内外の絵本等を出版。独自の価値観による出版を続けている。2002年から2006年まで、国際児童図書評議会（IBBY）の国際理事をつとめた。1995年、古くからの友人と再婚。

人生に大切なことはすべて絵本から教わった

2010年3月27日　初版発行
2010年5月25日　第二刷
2010年10月5日　第三刷

定価　2000円＋税
著者　末盛千枝子
装丁　井原靖章
発行者　北川フラム
発行所　現代企画室
東京都渋谷区桜丘町15-8-204
Tel. 03-3461-5082　Fax. 03-3361-5083
http://www.apc.jca.org/gendai/
印刷所　藤田印刷株式会社

ISBN978-4-7738-1004-2 C0071 ¥2000E

Printed in Japan